essentials

essentials liefern aktuelles Wissen in konzentrierter Form. Die Essenz dessen, worauf es als „State-of-the-Art" in der gegenwärtigen Fachdiskussion oder in der Praxis ankommt. *essentials* informieren schnell, unkompliziert und verständlich

- als Einführung in ein aktuelles Thema aus Ihrem Fachgebiet
- als Einstieg in ein für Sie noch unbekanntes Themenfeld
- als Einblick, um zum Thema mitreden zu können

Die Bücher in elektronischer und gedruckter Form bringen das Expertenwissen von Springer-Fachautoren kompakt zur Darstellung. Sie sind besonders für die Nutzung als eBook auf Tablet-PCs, eBook-Readern und Smartphones geeignet. *essentials:* Wissensbausteine aus den Wirtschafts-, Sozial- und Geisteswissenschaften, aus Technik und Naturwissenschaften sowie aus Medizin, Psychologie und Gesundheitsberufen. Von renommierten Autoren aller Springer-Verlagsmarken.

Weitere Bände in der Reihe http://www.springer.com/series/13088

Clemens Renker

Business Model Innovation in Banken

Robustes Geschäftsmodell durch Kunden- und Mitarbeiterzentrierung

Clemens Renker
Bamberg, Deutschland

ISSN 2197-6708   ISSN 2197-6716   (electronic)
essentials
ISBN 978-3-658-19777-3   ISBN 978-3-658-19778-0   (eBook)
https://doi.org/10.1007/978-3-658-19778-0

Die Deutsche Nationalbibliothek verzeichnet diese Publikation in der Deutschen Nationalbibliografie; detaillierte bibliografische Daten sind im Internet über http://dnb.d-nb.de abrufbar.

Springer Gabler
© Springer Fachmedien Wiesbaden GmbH 2018

Gedruckt auf säurefreiem und chlorfrei gebleichtem Papier

Springer Gabler ist Teil von Springer Nature
Die eingetragene Gesellschaft ist Springer Fachmedien Wiesbaden GmbH
Die Anschrift der Gesellschaft ist: Abraham-Lincoln-Str. 46, 65189 Wiesbaden, Germany

Was Sie in diesem *essential* finden können

- Ein Verständnis für die Notwendigkeit und Dringlichkeit von Geschäftsmodellinnovationen
- Die Gestaltung eines integrativen Wandlungsprozesses als Erfolgsbasis
- Die inhaltlichen Schritte zu einem neuen, wirkungsvollen Geschäftsmodell

Vorwort

Ihrem Ende eilen sie zu, die so stark im Bestehen sich wähnen. Fast schäme ich mich, mit ihnen zu schaffen.

So singt am Ende des *Rheingold* am Vorabend der Weltuntergangsoper *Ring des Nibelungen* von Richard Wagner der Götterberater Loge.

Eilen die Sparkassen, Volksbanken und Raiffeisenbanken sowie die Privatbanken auch ihrem Ende entgegen? Ist ihre Reputation, wie es zahlreiche Umfragen beim Publikum suggerieren, wirklich schon so tief gesunken, dass man sich schämen muss, Mitarbeiter eines Kreditinstituts zu sein? Jedenfalls ist allen klar, dass die Kreditinstitute in ihrer 200-jährigen Geschichte vor Herausforderungen stehen, die sie bisher noch nicht erlebten. Ihnen geht es ähnlich wie den drei Nornen in der *Götterdämmerung* von Richard Wagner, nachdem sie ihr Seil überspannten: „Es riss!" „Es riss!" „Es riss!", stellten sie entsetzt fest. Sie wissen nicht mehr, wie der Lauf der Geschichte weitergeht: „Zu End' ewiges Wissen! Der Welt melden Weise nichts mehr." In ihrer Not wollen sie nur noch hinab zur Mutter „Erda". Manche Kreditinstitute rufen in der Not nach dem Vater Staat gemäß der Devise „too big to fail" und „too many to fail".

Auch viele Kreditinstitute wissen nicht, wie es weitergeht. Zu wuchtig und zu neu sind die Fragestellungen, als dass sie mit dem althergebrachten Wortschatz der Bankenwelt zu erklären und einfachen Lösungswegen zu beschreiben wären. Zu vielfältig sind in Anlehnung an das Gedicht von Puschkin und den Roman von Dostojewski die „Dämonen" über dem Bankensystem, als dass viele Banker noch wüssten, wo sie stehen und in welche Richtung sie sich bewegen sollen. Wir brauchen für das Bank- und Finanzsystem heute „Neoretiker", also Menschen, die als totale Erneuerer, Transformatoren oder Change Manager ein tragfähiges, zukünftiges Bankwesen gestalten können. Wenn wie im „Ring des Nibelungen" die alte Welt an ihren Überspannungen, Verstrickungen und vertraglichen

Verwirrungen zugrunde geht und Platz für eine neue Welt macht, so ist auch der neue Aufbruch für Banken möglich.

Daher beschäftigen wir uns in diesem Buch mit den Fragen, die auch den Direktor im Vorspiel des Theaters zum „Faust" von Johann Wolfgang von Goethe bewegten: „Wie mache ich es, dass alles frisch und neu und mit Bedeutung auch gefällig sei?"

Inhaltsverzeichnis

Clemens Renker, Prof. Dr. Dr. h.c., hat mehr als drei Jahrzehnte Erfahrung in verantwortlicher Position in einer Bank, Sparkasse und Volksbank sowie im Industrie- und Dienstleistungssektor in der Entwicklung, Umsetzung und Innovation von Unternehmenskonzepten und Geschäftsmodellen. Seit 1984 lehrt er Marketing und Banklehre an Universitäten, Hochschulen und Akademien. Für seine unternehmerischen Leistungen erhielt er mehrere Auszeichnungen. Heute berät er Führungskräfte und Inhaber in den zentralen Fragen erfolgreicher Führung (www.ifme-institut.de).

Einleitung

1.1 Echte Bankgeschäfte als Basislager

Was machen Kreditinstitute? „3-6-3", so konnte schon jeder Auszubildende im Bankwesen antworten: „Wir kaufen Geld für drei Prozent ein, dann verkaufen wir das Geld für sechs Prozent und um drei Uhr gehen wir in den Biergarten, zum Surfen oder auf den Golfplatz." Lachen wir auch dann noch, wenn der satirische Witz in Zukunft so lautet: „Minus 2, minus 1, minus 2"? Das heißt: „Wir kaufen das Geld zu minus zwei Prozent Zinsen ein, verkaufen das Geld zu minus ein Prozent Zinsen und jeder zweite Mitarbeiter verliert seinen Arbeitsplatz in der Bank"?

Soweit muss es nicht kommen, wenn die Kreditinstitute in Anlehnung an die Neo-Institutionenökonomik (vgl. Richter und Furubotn 1996) für die Zukunft die Notwendigkeit ihrer Existenz den Kunden und der Gesellschaft gegenüber begründen und rechtfertigen können. Es geht also um die Beantwortung der unternehmensphilosophischen Fragen: Wozu brauchen Menschen Kreditinstitute? Welche Probleme lösen sie? Wie effizient lösen sie das Transaktionskostenproblem? Welche Werte schaffen Banken? Und wie werden die Ergebnisse der Wertschöpfung verteilt?

In den traditionellen Lehrbüchern (zum Beispiel Issing 2010) wird die Existenz von Banken damit gerechtfertigt, dass sie nötige Institutionen sind, die gegen Entgelt die Nutzung von Geld (=Leihe bzw. Anlage) annehmen und gegen einen höheren Preis als Kredit (=Verleihe bzw. Finanzierung) weitergeben. Und sie begründen ihre Existenz weiterhin damit, dass sie Losgrößentransformation, Fristentransformation, Risikotransformation und Liquiditätstransformation in für die Wirtschaft und Gesellschaft relevanterweise leisten. Schließlich helfen Banken auch noch, dass das Geld seine es definierenden Funktionen als Wertspeicher, Zahlungsmittel und Recheneinheit behält. Nun werden aber seit Beginn der

© Springer Fachmedien Wiesbaden GmbH 2018
C. Renker, *Business Model Innovation in Banken,* essentials,
https://doi.org/10.1007/978-3-658-19778-0_1

Finanzkrise im Jahr 2007 alle diese Kriterien der Rechtfertigung und Begründung von Kreditinstituten in einem bisher noch nicht dagewesenen Ausmaß erschüttert. Bei einem aktuell nahezu Null-Zinsniveau und einer flachen Zinskurve verlieren Fristentransformationen ihren Vorteil. Die Risikotransformation wird erschwert. Die Liquiditätstransformation über den Transmissionsriemen der Geldmengenausweitung der europäischen Zentralbank zur Realwirtschaft findet nicht hinreichend statt. Und das Geld verliert seine Wertspeicherfunktion, wenn negative Zinsen zu entrichten sind. Die Digitalisierung ermöglicht schließlich neue Formen der Erfüllung von Zahlungsfunktionen und Senkung der Transaktionskosten.

Von allen diesen herkömmlichen Stellen schallt es den Bankern wie im Gedicht von Rainer Maria Rilke „Archaischer Torso Apollos" entgegen: „Du musst dein Geschäftsmodell ändern." Und wenn wir unten die zehn Dämonen für die Bank- und Finanzwelt gesehen haben, dann verstehen wir auch die Forderung von Fjodor Dostojewski aus seinem Roman „Die Dämonen" auf die Banken gewendet. Die Herausforderung sind so historisch herausragend, dass wir „den großen Gedanken" für die Erneuerung der Bank und Finanzwelt dringend brauchen.

1.2 Relaunch von Vertrauen und Kundenzentrierung

Dabei müssen wir uns zuerst an das Axiom des Bankgeschäfts erinnern. Vertrauen ist der Ursprung aller geschäftlichen Beziehungen. Gegenseitiger Kredit kommt von credere = vertrauen. Vertrauen gilt als zentrales Sozialkapital für gelingende Interaktionen zwischen Kunden und Bank sowie zwischen den Mitarbeitern innerhalb der Bank. Das Prinzip der Existenzsicherung von Banken ist die Institution als effizienter und effektiver Problemlöser in allen Fragen der Anlage und Finanzierung. Das ist heute im Sog der Digitalisierung wiederum nur zu leisten, wenn sich die Kreditinstitute überall, in Echtzeit auf die individuellen und situativen Bedürfnisse und Probleme von Kunden konzentrieren: Indem sie also mehr Nutzen liefern als Kunden meinen, dafür Mühen und Kosten aufzuwenden. Indem sie sich in diesem geleisteten Netto-Nutzen durch Interaktion und Dialog vorteilhaft wahrnehmbar von den Wettbewerbern differenzieren. Der Kunde ist nicht „Mittel". Punkt zur Gewinnmaximierung. Der Kunde steht vielmehr im Mittelpunkt aller bankbetrieblichen Verhaltensweisen.

Und schließlich, indem bei allen ihren Wertschöpfungsprozessen die Erlöse stets die Betriebs- und Risikokosten decken und es auch ermöglichen, ausreichend Eigenkapital und Reserven zu dotieren, und Gewinne an die Eigenkapitalberechtigten auszuschütten.

Existenzbedrohung: Dämonen überall und gleichzeitig

2

2.1 Zentralbankgeld – Gier braucht Nahrung

Ein Wesenszug von Menschen, vieler Staaten und Unternehmen ist heute noch mehr evident: „Ich will jetzt, hier, sofort, alles, überall und immer haben." Dieser Neigung zum sofortigen Konsum bzw. der positiven Zeitpräferenzrate oder zu ambitionierten Investitionen geben private Haushalte, Unternehmen sowie Staaten und öffentliche Haushalte inzwischen verstärkt nach. Die Finanzierung dieser Gegenwartspräferenz sollte bis zum Eintritt der Finanzkrise auch mit großzügigen Krediten bei niedriger Kapitaldienstfähigkeit und kaum hinreichenden Sicherheiten möglich sein. Offensichtlich wollen Wirtschaftssubjekte ständig mehr als sie ökonomisch verdienen, als sie ökonomische Mehrwerte schaffen. Und offensichtlich wollen sie auch mehr als sie im moralischen Sinn verdienen. Als der Finanzkollaps drohte, trugen die Federal Reserve Bank und später die Europäische Zentralbank EZB entschlossen von der monetären Seite her zur Stabilisierung der Volkswirtschaft bei: Mit umfangreicher Schöpfung von Zentralbankgeld und damit einhergehender Senkung der Zinsen. Die EZB schuf allein bis Ende 2017 etwa zwei Billionen Euro zusätzliches Zentralbankgeld durch Monetarisierung von Aktiva (=Bilanzverlängerung) und erweiterte damit die monetäre Basis. Das Ganze findet in der Hoffnung statt, dass derweil im realen Sektor der Volkswirtschaft (gestützt durch entsprechende Finanz- und Wirtschaftspolitik) wieder solide wirtschaftliche Verhältnisse geschaffen werden. Die Staaten hätten durch die niedrigeren Zinsen die Chance, ihren Tilgungsanteil zu erhöhen und damit die Staatsverschuldung zu senken. Die europäischen Staaten haben laut Bundesbankbericht vom Juli 2017 etwa eine Billion Euro an Zinsaufwand durch die bisher extreme Niedrigzinsphase gespart. Es ist nun müßig darüber zu spekulieren, wie lange noch und in welchem Ausmaß die Zentralbanken durch die Schöpfung von Zentralbankgeld („Quantitative Easing", QE) ökonomische Stabilität sichern und

© Springer Fachmedien Wiesbaden GmbH 2018
C. Renker, *Business Model Innovation in Banken*, essentials,
https://doi.org/10.1007/978-3-658-19778-0_2

stimulierende Impulse auslösen wollen oder wann dieses QE nach der gewünschten Zielerreichung wieder reduziert wird („Tapering"). In Deutschland liegen derzeit die Geld- und Kapitalmarktzinsen bei etwa null Prozent. Die Kreditinstitute erhalten gar einen Negativzins von minus 0,4 % für ihre Einlagen bei der EZB.

Diese historisch erstmalige Situation hat natürlich extrem fordernde bis existenzbedrohende Rahmendaten für die Kreditinstitute geschaffen. Was passiert, wenn wie viele Volkswirte annehmen, die Inflationsrate auch im Jahre 2021 noch unter der Zielvariablen zwei Prozent liegt? Denn dann hat die EZB keinen Anlass, eine signifikant restriktive Geldpolitik zu verfolgen. Wer kann uns verlässlich vorhersagen, dass nicht in den nächsten zehn Jahren das Zinsniveau und die Zinsstruktur auf dem Niveau von 2017 verharren? Betrachten wir die gesamtwirtschaftlichen Zusammenhänge nach dem IS-LM-Konzept der Geldtheorie (vgl. Issing 2010, S. 94 ff.; I = Investition, S = Ersparnis; L = Liquiditätspräferenz, M = Geldmenge) für Deutschland ab dem Jahr 2009, so lassen sich die niedrigen Zinsen erklären und auch weiterhin erwarten. Denn die Summe der Ersparnisse nimmt aus Sicherheitsmotiven stärker zu als die Kreditnachfrage für Nettoinvestitionen. Von daher wäre kein Druck auf steigende Zinsen vom realen Sektor zu erwarten. Blicken wir auf den monetären Sektor, so sind die Zentralbankgeldmenge und Geschäftsbankengeldmenge extrem ausgeweitet worden. Das Niveau dürfte auch in den nächsten Jahren sehr hoch bleiben. Bei steigendem Volkseinkommen und relativ niedriger Liquiditätspräferenz andererseits spricht auch aus der monetären Perspektive alles für lange Zeit weiterhin niedrige Zinsen. Wir dürften sogar eine Phase mit Negativ-Zinsen erleben.

Hier jagen und kreisen Wolken über das Bankensystem, wie es Alexander Puschkin in seinem Gedicht „Die Dämonen" beschreibt, die aus dem Geldüberangebot den nächsten Dämon gebären.

2.2 Zinsspanne – Fische ohne Wasser

Was machen noch so gesunde Fische ohne Wasser? Oder anders gewendet: Was macht ein Kreditinstitut, wenn es mit seinem Schiff in das Trockene fährt? Hilft es da, wenn das Management mehr Ruderer einsetzt, diese mit allen Mitteln noch mehr antreibt oder noch fester in die Segel bläst? Aus den oben genannten Entwicklungen entsteht der zweite Dämon für die Kreditinstitute: dramatisch sinkende Zinsspannen, die die Betriebskosten nicht mehr decken.

Der Heilige Gral der Banken ist seit jeher der Zinsüberschuss, die Zinsmarge oder die (Brutto)Zinsspanne. Als Differenz von Zinserträgen und Zinsaufwendungen bestimmen sie primär die Rentabilität im zinsabhängigen Aktiv- und Passivgeschäft.

Die Höhe der Zinsspanne spiegelt wider, wie gut es einer Bank und ihren Beratern gelingt, ihre Preis- und Konditionsvorstellungen am Markt durchzusetzen. Außerdem ist sie ein Indikator dafür, wie es dem Bankmanagement gelingt, aus der Zinsstruktur durch Fristentransformation Chancen und Risiken für das eigene Institut zu nutzen. Seit der Einführung der Marktzinsmethode (vgl. schon Schierenbeck 1984) wird daher die Zinsspanne in ihren Ergebnisbeiträgen in den sogenannten Konditionsbeitrag aus den Zinsen im Aktiv- und Passivgeschäft und den Strukturbeitrag aus der Fristentransformation unterschieden.

Nun führt das derzeitige Null-Zinsniveau zu einem fallenden (passivischen) Konditionsbeitrag. Und die flache Zinsstrukturkurve (Tageszins und Zehnjahreszins liegen entgegen historischer Erfahrungen eng beieinander) lässt nur einen geringen bzw. weiter fallenden Strukturbeitrag zu. Insgesamt also eine deutliche Senkung der Zinsspanne. Hinzu kommt, dass die Kreditinstitute ihren Liquiditätsüberhang nur zu Negativzinsen bei der europäischen Zentralbank anlegen können. Bei einem Betrag von etwa 100 Mio. EUR im Jahr können die Verluste sich auf 0,4 Mio. EUR belaufen. Hinzu kommen Betriebskosten für diesen Betrag an Geschäftsvolumen im Umfang von etwa zehn Mitarbeitern. Betrachten wir dann auch noch die Konsequenzen für den Rückgang der Zinserlöse nach Ablauf langjähriger Zinsbindungen im Kreditgeschäft und bei den Eigenanlagen (Depot A; vgl. Jasny 2016) mit relativ hohen Zinsen von teils über vier Prozent aus der Zeit bis 2009, so sind je nach Bilanzstruktur extreme Einbrüche bei den Zinserträgen nach Wiederanlage ab 2019 zu erwarten. Erfahrungsgemäß sinken zudem die Zinserträge noch schneller als der Zinsaufwand.

Die Kreditinstitute stehen hier einer Herausforderung als systematisches Risiko gegenüber, das nicht durch Diversifikation eliminiert werden kann.

2.3   Vertrauen – ist am Anfang vom Ende

Wenn Kreditinstitute in den Schlagzeilen der Medien über Jahre im Zusammenhang mit dolosen Handlungen wahrgenommen werden, dann leidet die Reputation der gesamten Branche. Banker gelten dann nicht mehr als ehrbare Kaufleute, sondern als „Bankster" (SZ, 26.02.2017). Nur drei Prozent halten laut SZ Bankangestellte als Berufsgruppe, die sie schätzen. Fast 60 % der Deutschen meinen, dass die Banken nicht auf ihre Bedürfnisse eingehen, sondern mit allen Mitteln und Tricks nur ihren Profit suchen (Marktforschungsinstitut YouGov, Februar 2017). Nur fünf Prozent der Befragten sehen demzufolge das Angebot der Banken als fair an. Der Verbandspräsident einer Organisation verspricht im September 2016 der BILD, dass Abhebungen an Geldautomaten kostenlos sind und bleiben. Schon kurze Zeit später verlangen erste Kreditinstitute für Transaktionen am Automaten Geld. Dann titelt BILD im April 2017 deswegen „Märchenerzähler" und 95 % der BILD-Leser empfinden das als Abzocke. Zu dieser Art der Informationspolitik bemerkt Gerd Kommer „Investmentpornographie: Allgegenwärtig in der Finanzbranche" (Kommer 2011, S. 76). Nachrichten wie „Wie ihre Bank sie abgezockt" (Capital 20, 2007), „Bankberater packen aus: Ich habe sie betrogen" (Wirtschaftswoche 12.02.2008) oder „Tatort Bankschalter" (EURO 11, 2010) gehören nicht zum Wesen von Kreditinstituten. Kurz: Das Vertrauen in die Banken und ihre Kompetenzen scheint den Umfragen zufolge auf ein vollkommen unzureichendes Niveau gefallen zu sein.

Dabei ist das Vertrauen in die Institution Bank, das Vertrauen in die Produkte der Bank, das Vertrauen in die Mitarbeiterinnen und Mitarbeiter der Bank die conditio sine qua non oder der K.o.-Faktor, um überhaupt das Bankgeschäft zu betreiben. Vertrauen reduziert nicht nur die Komplexität, wie wir sie aus den vielfältigen Unsicherheiten und Risiken des Bankgeschäftes kennen, sondern Vertrauen eröffnet erst vielfältige Möglichkeiten und Chancen geschäftlicher Partnerschaften und Entwicklungen (vgl. dazu Luhmann 1989). „Lieber Geld verlieren als Vertrauen", meinte schon Robert Bosch.

2.4   Kompetenzen – von Kopf bis Fuß unzureichend

Aus der Perspektive der Kunden sind Bankdienstleistungen erklärungsbedürftig und vertrauensempfindlich. Sie werden uno actu im Vertriebsprozess produziert (vgl. dazu Renker 2005, S. 23–55). Daraus folgt, dass das eigentliche Produkt einer Bank der Mitarbeiter ist. Den Unterschied im Bankgeschäft machen die Menschen von der Führung bis zur Kundenbetreuung. Führungskompetenzen und Handlungskompetenzen sowie das gelingende Zusammenspiel von Führungskräften und Mitarbeitern bestimmen maßgeblich die Qualität von Geschäftsmodellen und die Durchschlagskraft deren Umsetzung.

Aber gerade die Probleme, Konkurse und Schieflagen in deutschen Kreditinstituten und Landesbanken sind in erster Linie auf Defizite in den Entscheidungen des oberen Managements vom Vorstand bis zum Aufsichtsrat bzw. Verwaltungsrat zurückzuführen. „Der Fisch stinkt immer vom Kopf", oder „wie der Hirte, so die Herde", so die gängigen Sprichworte. Tatsächlich sind in den meisten Häusern weder signifikante Kompetenzen zur Konfiguration effektiver Geschäftsmodelle zu erkennen. Noch weniger sind in der Führung die Kompetenzen zur Innovation bzw. Transformation von Geschäftsmodellen ersichtlich. Und ob „Schönwetter-Kapitäne" für die derzeitigen, historisch erstmaligen Krisen geeignete

Führungskräfte sind, ist äußerst fraglich. Einblicke in das Innere von Banken und Wahrnehmungen über die Medien offenbaren, dass zu lange an vollkommen untauglichen Reaktionsmaximen festgehalten wird. Der Herdentrieb in der Finanzbranche führt dazu, dass überall die gleichen Rezepte benutzt werden. Mit hektischer „Activity" wird Tätigwerden simuliert, aber dabei werden zu viele, nicht problemlösende Aktivitäten verfolgt. Erheblich problematisch erweist sich die herkömmliche Besetzung von Aufsichtsorganen. Ein Dorf-Bürgermeister oder ein Bäckermeister ist eben noch lange nicht hinreichend als Aufsichtsrat einer Volksbank oder Raiffeisenbank qualifiziert. Gleiches gilt für einen Landrat oder einen aus politischem Proporz Abgesandten in den Verwaltungsrat einer Sparkasse. Daher rührt auch der Witz: „Aufsichtsrat heißt: weder Aufsicht noch Rat." Gemessen an den aktuellen Herausforderungen können die nun durchgeführten Schulungen nur bedingt als hinreichende Qualifizierung gesehen werden. Hinzu kommt das Verhalten der Aufsichtsräte in Sitzungen. Dies hat Andrej Szczypiorski treffend veranschaulicht (Szczypiorski 1988, S. 75): „Was ist der Zimmermann in seinem Hause? Der Zimmermann in seinem Hause ist ein Herr. Was ist ein Zimmermann auf der Straße? Ein Zimmermann auf der Straße ist ein Bürger. Was ist ein Zimmermann im Rat? Ein Zimmermann im Rat ist ein demütiger Schweiger." Wenn ehrbare Bürger aus anderen Berufen sich nicht mehr in ihrem eigentlichen Element befinden, dann zeigen sie nicht mehr die Leichtigkeit und den Mut, strategische Notwendigkeiten konsequent vom Bankvorstand einzufordern oder, wenn angebracht, protokollfixiert Nein zu sagen. Da Aufsichtspersonen auch Organe eines Kreditinstitutes sind, könnte das in Zukunft noch zu ganz neuen Haftungsfragen führen.

Schließlich verweisen zahlreiche Studien auf einen signifikanten Mangel an relevanten Schlüsselqualifikationen und Interaktionskompetenzen der Mitarbeiter im persönlichen und fachlichen Umgang mit Kunden. Die eigenen Erfahrungen in den vergangenen Jahren als Beirat und Berater mittelständischer Unternehmen zeigen auch erschreckende Defizite in der fachlichen und methodischen Kompetenz. Besonders gravierend, weil schwer erlernbar, sind die mangelnden personalen und sozialen Kompetenzen von Bankmitarbeitern.

2.5 Provisionen – wie der Spaten im Lehm

Mögen die Kreditinstitute in der Vergangenheit aus Wettbewerbsgründen oder wegen der Verfolgung von Marktentwicklungs- und Marktdurchdringungsstrategien Dienstleistungen unentgeltlich angeboten haben, so werden diese Entscheidungen nun zu einem Problem für die Generierung nachhaltiger Erlöse. Wenn schon die Zinsspanne derartig einbricht, so versuchen nun viele Kreditinstitute, einen Ausgleich über einen höheren Provisionsüberschuss zu erzielen. Dank aufwendiger Werbemaßnahmen über Jahrzehnte ist aber diese Gratiskultur fest in den Köpfen der Kunden verankert. Was Kunden einmal haben und woran sie sich gewöhnten, geben sie nur ungern her. Die Verlustaversion in den Köpfen der Kunden führt nicht nur zu Widerständen in den Medien, sondern sie wird auch tagtäglich am Bankschalter geäußert. Inwieweit Kreditinstitute ihre Preise für zinsunabhängige Dienstleistungen erhöhen können bzw. dafür erstmalig Preise verlangen können, wird die Praxis zeigen. Dann bleibt aber immerhin noch die Frage, ob Kreditinstitute ihre Ergebnisse durch eine Steigerung der Provisionserlöse überhaupt signifikant verbessern können.

Die Hypothese, dass der Provisionsüberschuss elastisch reagiert, hat hohen Realitätsgehalt. Bisher können wir beobachten, dass einzelne Kreditinstitute ihre Preise für einzelne Bankdienstleistungen um 50 bis 150 % erhöhen. Nun stellt sich die Frage, ob das nicht zu einer noch stärkeren Reduzierung der nachgefragten Stückzahlen pro Leistungseinheit führt. Kunden können ihr Nachfrageverhalten ändern. Dazu bietet die Digitalisierung mit nahezu null Grenzkosten vollkommen neue Möglichkeiten.

Andererseits wird der Wettbewerb unter Kreditinstituten dazu führen, dass kreative Banken komplett neue Formen der Bepreisungen der Leistungsprozesse einführen. Kunden werden dann zu Anbietern wechseln, die ihnen einen höheren Nettonutzen bieten.

Schließlich treffen Erhöhungen von Gebühren und Preisen vorwiegend Zielgruppen mit begrenzter Kaufkraft bzw. Nachfragefähigkeit. Hier droht Unmut von öffentlichen Anspruchsgruppen wie Medien, Verbraucherverbänden und Politik auch auf kommunaler Ebene. Dies kann sich unmittelbar auf das Geschäft auswirken und mittelbar über das sich verschlechternde Image einer Bank vor Ort.

2.6   Kosten – zu hoch, zu viele und zu ineffizient

Weitere Bedrohungsfelder sind die hohen Personal- und Sachkosten für die Erstellung bankbetrieblicher Leistungen. Bevor die Problematik unten von der Ergebnisperspektive her dargestellt wird, sollen vorab die wichtigen Herausforderungen genannt werden.

Da stechen zunächst einmal der hohe Personalaufwand im Verhältnis zu den erzielten Erlösen und dem bewältigten Geschäftsvolumen ins Auge. Viele Kreditinstitute geben nur ungern zu, dass sie zu viel Personal vorhalten, die Personalkosten pro Kopf zu hoch sind und die Mitarbeiterproduktivität zu gering. Für den technisch-organisatorischen Bereich sehen sie sich auch durch die Digitalisierung (vgl. Kreuzer und Land 2015) und den Präferenzwandel bei den Kunden getrieben. Außerdem sehen sie sich einem Over-Banking im eigenen Hause in Form von zu vielen Zweigstellen und Filialen gegenüber.

Sehr kritisch zu hinterfragen sind in den meisten Kreditinstituten die Effektivität der Aufbauorganisation und die Effizienz in den Abläufen und Prozessen bei der Erstellung und des Vertriebes von Bankdienstleistungen. Oft existieren noch zu viele Hierarchiestufen. Das Spezialistentum ufert aus. Die Regelungswut und die Dokumentenintensität nehmen Ausmaße an, dass in manchen Banken davon gesprochen wird, dass „sie sich schon ganz gut ohne Kunden selbst verwalten können". Zu viele Schnittstellen in der betrieblichen Leistungserstellung führen zu sinkender Produktivität, Unselbstständigkeit und abnehmendem Verantwortungsbewusstsein. Vielfältig sind die Ergebnis mindernden Einflüsse der überbordenden Bürokratie. Prozesse werden langsamer, inflexibler, starrer und komplexer. Mitarbeiter fühlen sich zunehmend demotiviert, überlastet und frustriert. Führungskräfte tendieren zum perfektionierenden Absichern, zum kurzfristigen Karrieredenken und werden zu Ja-Sagern. Und schließlich wird das Wichtigste für die Bank aus dem Auge verloren: die Kundenorientierung.

Neuerdings kommt in den Banken noch ein deutlicher Anstieg der fixen und variablen Kosten, der Prozesskosten, Komplexitäts- und Frustrationskosten durch die zusätzlichen Anforderungen aus der Regulierung der Finanzaufsicht hinzu.

2.7 Risiken – mehr als Abweichung von Erwartungen

Das Bankgeschäft bewegt sich stets in unsicheren und riskanten Gewässern im weiteren Sinne: „Uncertainty" und „Risks". Bankdienstleistungen enthalten einerseits bereits produktimmanent Risiken. Andererseits stellen Bankmitarbeiter und Systeme Risikofaktoren dar, wenn sie anders handeln und funktionieren als erwartet. Ein großer Teil der Risikokategorien und Arten sind für die Akteure in Banken bekannt. Als Abweichungen von der Erwartung können sie mit Risikokennzahlen wie Value at Risk, Tier 1, 2, 3 oder Quote notleidender Kredite beschrieben werden. Diesen Risiken („Risks") kann mit logischen Verfahren und Diagnosen, mathematischen Algorithmen, Statistik und Wahrscheinlichkeiten begegnet werden.

Andere Risiken („Uncertainty") gehören in die Welt der Ungewissheit. Die Akteure haben keine Kenntnis über zukünftige Entwicklungen oder können sie nicht erkennen. Gegen diese Ungewissheiten kann man allenfalls mit Heuristik, Daumenregeln und Intuition entscheiden (vgl. Gigerenzer 2007, 2014, S. 288 ff.).

Innerhalb der Megatrends Individualisierung, Dynamisierung und Globalisierung sehen sich aktuell die Kreditinstitute einer Komplexität von Risiken gegenüber, die sie bisher noch nicht erlebten. Von Geschäftsmodellrisiken über systematische und unsystematische Risiken bis zur Kontingenz der sogenannten „Schwarzen Schwäne" (Taleb 2007). Darauf wird in Abschn. 3.1 noch ausführlich eingegangen.

2.8 Haftungskapital – zu wenig und zu weich

Nicht erst mit der Auseinandersetzung über Basel II ab den Achtzigerjahren bleibt die Frage über die richtige Höhe des Eigenkapitals im Verhältnis zum Gesamtkapital (Eigenkapitalquote, Verschuldungsgrad), über das Verhältnis des anrechenbaren Eigenkapitals zu den anrechenbaren risikotragenden Aktiva (Solvabilitätskoeffizient, Lerverage Ratio), über die Qualität des Eigenkapitals, über die Zusammensetzung des Eigenkapitals (Kernkapital, Ergänzungskapital, Nachrangkapital) nur umstritten beantwortet in Wissenschaft und Praxis. Eigenkapital ist aus der Sicht des Gläubigerschutzes sowie hinsichtlich der Möglichkeiten zu haften und zu wachsen für eine Bank von zentraler Bedeutung.

Einigkeit herrscht in der Fachwelt darüber, dass die Eigenkapitalausstattung gemessen an den Risiken in der Vergangenheit zu niedrig war. So wies die Deutsche Bank im Jahr 2016 eine Eigenkapitalquote von weniger als drei Prozent aus. Die Problematik liegt darin, auf welche Weise neues Eigenkapital beschafft werden kann. Über die Innenfinanzierung reichen die Betriebsergebnisse nicht aus, um ausreichend Mittel dem Eigenkapital zuzuführen. Über die Außenfinanzierung mangelt es derzeit an der Attraktivität der Banken für Kapitalanleger und auch an den Möglichkeiten der Eigentümer. So müssten die Genossenschaftsbanken erhebliches neues Eigenkapital über ihre Mitglieder generieren. Das erscheint nahezu unmöglich. Die örtlichen Kommunen als Träger (nicht mehr Gewährträger) der Sparkassen sind selbst hoch verschuldet. Auch sie haben keine finanziellen Fazilitäten, um ihren Kreditinstituten neues Eigenkapital zuzuführen. Insofern befinden sich viele Kreditinstitute in dieser Frage in einer tragischen Situation.

2.9 Konkurrenz – umzingelt bis zur Ausweglosigkeit

Der steigende Wettbewerb nagt zusätzlich an den Betriebsergebnissen. Das Modell von Michael E. Porter (2004, S. 4) soll hier den Begriff Wettbewerb zu „Six Forces Driving Banking Competition" erweitern. Zunächst einmal gibt es mit etwa 2000 Kreditinstituten noch im Jahr 2015 noch zu viele bestehende Anbieter („Overbanking", „Bankeninfarkt") und daher einen intensiven Wettbewerb um das Marktvolumen. „Von allem zu viel und überall das gleiche", lässt sich analog zum Kultursektor (vgl. Haselbach et al. 2012) auch für den Bankensektor konstatieren.

Jetzt treten erstmalig vollkommen neue Wettbewerber auf den Markt, zum Beispiel Paypal, Fintechs, Google, Quirin Bank, BlackRock. Die Digitalisierung schafft Null-Grenzkostenmöglichkeiten (vgl. Riffkin 2014) und den Robo-Advisor als schnellen und kompetenten Bankakteur.

Wettbewerb findet auch durch substitutive Problemlösungen statt, wie zum Beispiel ETF, BlockChain, mögliches Vollgeld der Europäischen Zentralbank, EDEKA als Bargeldauszahler. Hier sind wirkliche disruptive Veränderungen im Angebot von Finanzdienstleistungen im Gange.

Auch die Welt von Google stärkt zusätzlich die Verhandlungsmacht und Souveränität der Nachfrager. Gleichzeitig verändern sich die Präferenzen in der Nachfrage nach Bankdienstleistungen.

Auch die Verhandlungsmacht der „Zulieferer" ist in einem bisher nicht bekannten Ausmaß gestiegen. Besonders deutlich zeigt sich dies am Verhalten des „Zulieferers" wie der Europäischen Zentralbank.

Wegen der Besonderheit der Bankdienstleistungen stehen Kreditinstitute unter einem neuerdings besonders intensiven Druck von öffentlichen Anspruchsgruppen („Vertrauensverlust") wie Beratern, Verbraucherverbänden, Wissenschaft, Medien und Politik.

2.10 Aufsicht – nervend, aber nötig

Im Zusammenhang mit Basel III und Basel IV sowie im politischen Diskurs wird viel zwischen den zentral betroffenen Stakeholdern Kreditinstituten und Bankenaufsicht über die Zumutbarkeit und Rechtfertigungsfähigkeit der verschiedenen Maßnahmen gestritten. Dabei stehen sich die Sicherheitsbedürfnisse und Anforderungen an die Eigenkapitalausstattung und die Bedürfnisse nach Expansion und weniger Regulierung im Konflikt gegenüber. Wegen der permanenten Änderung und steigenden Komplexität wirkungsvollen Risikomanagements soll hier nur ein grober Einblick (siehe ansonsten die aktuellen Publikationen der Institutionen der Bankenaufsicht) in die Risikosteuerungs- und Controllingsysteme nach MaRisk bzw. § 25 a KWG gegeben werden. Demnach wird von den Banken eine regelmäßige Berichterstattung über Geschäfts- und Risikostrategie, Risikoinventur und Risikoarten, Risikolimit und Risikotragfähigkeit, Risikomessverfahren,

Risikobudgets und Stress-Tests verlangt. Basis des Ganzen bleibt die qualifizierte, ganzheitliche Bonitätsbeurteilung der einzelnen Bankgeschäfte.

Umfangreich, aber sinnvoll erscheinen auch die SREP-Guidelines der EBA seit dem 1. Januar 2016 (Supervisory Review and Evaluation Process der European Banking Authority, London). Deren Risikosteuerungs- und Controllingsysteme kategorisieren zunächst die Kreditinstitute. Dort wird ein spezifisches Monitoring von Schlüsselindikatoren nach Prüfungsschwerpunkten vorgenommen. Es wird die Tragfähigkeit des Geschäftsmodells analysiert. Im Zusammenhang mit der Governance sind die Führungsstrukturen und die Kontrolle zu beurteilen. Kapitalmarktrisiken und die Angemessenheit des Eigenkapitals sind zu bewerten, ebenso wie Liquidität und Refinanzierung. Der zusammenfassenden Gesamtbewertung können Maßnahmen der Bankenaufsicht oder Eingriffe der Bankenaufsicht folgen.

Die gestellten Aufgaben bedeuten für die Kreditinstitute eine Erhöhung der Zahl der Mitarbeiter und der Qualität in der Sachbearbeitung.

Erschwerend kommt in diesem Zusammenhang noch hinzu, dass die staatlichen Interventionen in Form von politischen Entscheidungen, von der Besetzung der Direktoren von Zentralbanken und deren Entscheidungen für Banken nicht kalkulierbar sind.

Zusammenfassung

Diese zehn düsteren, zerstörerischen aber auch Kreativität und Innovationzwang anstachelnden und mahnenden Geister treffen Kreditinstitute in ihrer etwa 200-jährigen Geschichte erstmalig in der Gleichzeitigkeit ihres Auftretens. Sie haben den Charakter einer seltenen Einmaligkeit wie ein „Schwarzer Schwan". Sie sind kontingent, eben möglich aber nicht nötig. Und sie treffen mit der Wucht eines Tsunamis. Diese Realitäten zu leugnen, die Verhältnisse im eigenen Kreditinstitut schönzureden und anderen Institutionen wie der EZB oder der Politik die Schuld zuzuschieben, sind zwar häufig beobachtbare Verhaltensweisen von Verantwortlichen in Kreditinstituten. Sie verhindern aber nicht die unten vorgetragenen Auswirkungen. Die zehn Dämonen desorientieren und verwirren viele. Sie liefern uns eine Unbestimmtheit, für die auch die Wissenschaft keine rational-vernünftige und objektive Lösungen und Vorgehensweisen in diesen Zusammenhängen hat. Sie sind ein Aufruf dazu, auch ohne Navigationssystem in neue Länder der Finanzwirtschaft zu fahren.

Forecast: Totalschaden möglich

Alle erfolgreichen Banken sind einander ähnlich, alle unerfolgreichen Banken sind unerfolgreich auf ihre eigene Weise. Alles ist in Unordnung im Hause der Bank- und Finanzwelt.

So könnten die neu geschriebenen ersten Worte des Romans „Anna Karenina" von Lew Tolstoi heute lauten. Ein „Weiter so" mit alten Geschäftsmodellen, denen es an Resilienz und Robustheit mangelt, dürfte etwa die Hälfte der deutschen Kreditinstitute ab dem Jahr 2019 in eine existenzielle Notlage bringen.

Wie wirken sich nun die obigen zehn Herausforderungen auf die Rentabilität, auf die nötige Stärkung des Eigenkapitals und die künftige Existenzfähigkeit von Kreditinstituten aus? Ist das Fenster zur Gestaltung neuer Kreditinstitute noch offen? Wie lauten die leitenden Gedankenstränge zu einer besseren Zukunft (zu Abschn. 3.1 bis 3.4 vgl. auch Renker 2015, 2016 und 2017)?

3.1 Treiber der risikoadjustierten Rentabilität

In der Führung von Kreditinstituten steht seit jeher die Frage um die Begründung, Rechtfertigung und Priorität der drei Zielkategorien Wachstum, Sicherheit und Rentabilität im Zentrum des Diskurses. Richteten die Kreditinstitute in den Siebziger- und Achtzigerjahren ihr Augenmerk vorwiegend auf das Wachstum des Geschäftsvolumens, so bestimmte insbesondere bei den Privatbanken das Shareholder-Value-Konzept ab den Neunzigerjahren die Ausrichtung der bankbetrieblichen Aktivitäten. Dabei führte die praktische Umsetzung weniger zur

© Springer Fachmedien Wiesbaden GmbH 2018
C. Renker, *Business Model Innovation in Banken,* essentials,
https://doi.org/10.1007/978-3-658-19778-0_3

propagierten, langfristig nachhaltigen Steigerung des Wertes einer Bank, sondern konzentrierte sich auf die Maximierung der Eigenkapitalrendite. Diese und weitere Fehlsteuerungen verursachten Schieflagen bei zahlreichen großen Kreditinstituten. Denn die Begründung für die Existenzberechtigung eines Kreditinstitutes durch Netto-Nutzenlieferungen für Kunden bei gleichzeitiger Verfolgung des Primates der Rentabilität und der Sicherheit geriet dabei weitgehend aus dem Zielspektrum der Bankensteuerung. Schon früh fordert Schierenbeck die Implementierung eines „Ertragsorientierten Bankmanagements" (vgl. Schierenbeck 1984). Dennoch scheint bis heute dieses Postulat nach einer nachhaltigen Erzielung und Stabilisierung einer umfassenden risikoadjustierten Performance pro Periode noch nicht hinreichend in der Bankenwelt angekommen sein.

Um die nachfolgenden Zahlen in ihrer Dramatik besser zu verstehen, sollen noch einmal die Treiber der Rentabilität zur Sicherung der Existenz von Kreditinstituten in drei Kategorien dargestellt werden. Im Sinne von Key Performance Indicators/KPI (zu Kennzahlen vgl. Botsis et al. 2015) lassen sich mit ihnen die Art und der Grad der Zielerfüllung als kritische Erfolgsmaßstäbe abbilden.

Erlöse für die Lieferung von Bankdienstleistungen

Das Zinsergebnis bildet mit 70 bis 80 % Ertragsbeitrag das „Herz" der Rentabilität von Banken. Seine Vitalität bestimmt die Möglichkeiten von Existenz und Wachstum. Der gewonnene Zinsüberschuss ist die Differenz von Zinsertrag und Zinsaufwand aus dem liquiditätsmäßig-finanziell Bereich der Aktiv- und Passivgeschäfte einer Bank. Der Zinsüberschuss setzt sich gemäß der Marktzinsmethode (s. oben) aus dem sogenannten Konditionsbeitrag und dem Strukturbeitrag zusammen. Als (Brutto-)Zinsspanne wird das Zinsergebnis meist in Prozent der durchschnittlichen Bilanzsumme (DBS) gemessen. Im zinsunabhängigen Bankgeschäft wie Zahlungsverkehr, Wertpapiergeschäft, Vermittlungen, Auslandsgeschäft etc. erzielen die Kreditinstitute Provisionen. Die Differenz aus Provisionserträgen und Provisionsaufwand trägt als Provisionsüberschuss (ca. 20 bis 25 %) oder Provisionsspanne (gemessen an der DBS) inzwischen mit der Zinnspanne erheblich neben dem Handelsergebnis (ca. fünf bis acht Prozent) zum Rohertrag (Bruttoertragsspanne) einer Bank bei.

Kosten für die Erstellung von Bankdienstleistungen

Die Kosten des technisch-organisatorischen Bereiches für die Erstellung und Lieferung von Bankdienstleistungen und somit die Wirtschaftlichkeit der Wertschöpfungsprozesse rücken derzeit verstärkt in den Blickpunkt des Bankcontrollings. Dabei dreht es sich zum einen um den Personalaufwand als Produkt der Zahl der

Mitarbeiter und den jeweiligen Löhnen. Der Sachaufwand hängt ab von der Zahl und Qualität der Gebäude sowie der eingesetzten Betriebsmittel.

Die wichtigste Aufwands-Ertrags-Relation ist die Cost-Income-Ratio (CIR). Sie misst als Efficiency Ratio den Verwaltungsaufwand einer Bank zur Erzielung eines Euro an Rohertrag. In den vergangenen Jahren bewegte sich diese Messzahl zwischen 60 und 70 % bei den meisten Kreditinstituten.

Risiken als mögliche Kosten von Bankdienstleistungen
Über die Kosten der Leistungserstellung hinaus müssen die Roherträge einer Bank auch die Kosten bei Eintritt von Risiken decken. Und es muss auch noch genügend Ergebnis vorhanden sein, um das Eigenkapital als Risikopolster aufzubauen und Reserven für Risikobewältigung zu bilden.

Im Folgenden sollen nur kurz im Überblick vier relevante Kategorien von Risiken (vgl. Schierenbeck 2014) mit ihren möglichen Ausprägungen dargestellt werden:

- **Geschäftsmodellrisiko oder strategisches Risiko:** Die derzeit wohl am heftigsten diskutierte Frage ist, ob die derzeitigen Geschäftsmodelle der Kreditinstitute ausreichend sind, um ihre Existenz in Zukunft zu erhalten. Wenn nämlich eine Bank auf folgende vier Fragen keine spontane und schlüssige Antwort hat, dann braucht sie sich mit den folgenden Risikokategorien gar nicht mehr zu beschäftigen. Denn das Risiko ist dann keine Standardabweichung von der Erwartung. Die Erwartung tritt ein. Die Bank hat ihre Zukunft verspielt. Die Fragen sind: Liefern wir relevanten Kunden wahrnehmbar besseren Nettonutzen als die Konkurrenz? Generieren wir nachhaltige, risikoadjustierte Erlösmechaniken? Sind unsere Wertschöpfungsprozesse effizienter als die der Wettbewerber und liegen die Kosten dafür signifikant unterhalb des Rohertrages? Wird unser Geschäft von einer Bank-Unternehmenskultur getragen, die von einer wahrhaft wirkungsvollen Führungskultur bewegt und hinreichende Handlungskompetenzen für das Bankgeschäft durch die Mitarbeiter erlebbar entfaltet?
- **Systematische Risiken:** Die systematischen Risiken werden auch Marktpreisrisiken genannt. Sie rühren von Veränderungen auf den Märkten durch Angebot und Nachfrage her. Dadurch beeinflussen sie die Preise und Werte von Asset-Kategorien. Von diesen Risiken sind alle Kreditinstitute gleichermaßen betroffen. Vorteile können erzielt werden, wenn Prognosen und Eintritt der Ereignisse mit getätigten Handlungen übereinstimmen. Die typischen Marktpreisrisiken resultieren aus der Veränderung des Zinsniveaus, der Zinsstruktur, der Schwankung von Währungen oder von Aktienkursen.

- **Unsystematische Risiken:** Resultiert das Risiko aus einem einzelnen Produkt, einem Subjekt oder Objekt, so spricht man von einem einzelwirtschaftlichen bzw. unsystematischen Risiko. Die wichtigste Risikoart in dieser Kategorie ist das Gegenparteirisiko oder Adressausfallrisiko. Gerade im Kreditgeschäft geht es hier um Fragen der Kundenbonität und der Werthaltigkeit von Sicherheiten, bei Anlagen im Depot A um das Emittentenrisiko. Weitere Risiken sind das Beteiligungsrisiko, das Länderrisiko und das Spreadrisiko. Eine weitere, immer wichtigere Risikoart ist das operationelle Risiko. Hierbei geht es um Schäden aus Fehlern von Mitarbeitern, aus Betrug und strafrechtlichen Handlungen. Rechtsrisiken und IT-Risiken zählen hier ebenfalls dazu. Schließlich sind auch Defizite in der Ablauf- und Aufbauorganisation als Risiken zu bezeichnen. Außerdem ist noch das Liquiditätsrisiko zu erwähnen. Es beinhaltet das Refinanzierungsrisiko, das Terminrisiko und das Abrufrisiko.

- **Kontingenz und Emergenz:** Mit dem Soziologen Niklas Luhmann (vgl. Luhmann 1984) ist der Begriff Kontingenz als griffiger Ausdruck für eine Art von Risiken geschaffen worden, die in den vergangenen 20 Jahren stärker hervortritt. Auf die Banken angewandt handelt es sich um das Risiko, dass Ereignisse möglich sind, aber nach herkömmlicher Erwartung nicht nötig und ins Kalkül gezogen werden. Mit Nassim N. Taleb (vgl. Taleb 2007) ist das im kritischen Rationalismus längst bekannte Phänomen des „Schwarzen Schwanes" auch in der Finanzwelt populär geworden. Entscheidungen von Banken können somit wider Erwarten mit sehr seltenen Risikoereignissen konfrontiert werden, die sie bisher nicht auf ihrem Radar hatten. Die historisch erstmalige Situation von Null- und Negativzinsen zählt zu dieser Kategorie. Wenn diese Ereignisse eintreten, dann sind oder können die Schäden enorm hoch sein, Existenzen gefährden. Und im Nachhinein wären diese Risikophänomene vorhersehbar und erklärbar gewesen, nur nicht im Voraus.

Zusammenfassung

Übersteigen nun über Jahre die Erlöse nicht hinreichend die Kosten und treten auch noch bedeutsame Risiken ein, so ist der maximale Risikofall die Insolvenz einer Bank. Dieser kann durch einen Mangel an Zahlungsfähigkeit eintreten. Das dürfte aber vor dem Hintergrund der Möglichkeit, von der Europäischen Zentralbank frisches Zentralbankgeld zu halten, sehr unwahrscheinlich sein. Der andere Fall wäre die Überschuldung, weil die Vermögensseite einer Bank das Fremdkapital nicht mehr ausreichend überdeckt. In diesem Fall müsste eine Abwicklung der Bank als sogenanntes „Bail-in" kommen. Dafür stehen bereits entsprechende Institutionen bereit.

3.2 Betriebsergebnisse reichen nicht

Wie sieht es nun aktuell mit den Treibern der Rentabilität insbesondere bei Sparkassen, Volksbanken und Raiffeisenbanken sowie Großbanken aus?

Die in Tab. 3.1 dargestellte Übersicht ist im Frühjahr 2015 auf der Grundlage der ersten veröffentlichten Bilanzen (vgl. Renker 1983) von Kreditinstituten, vor der ersten Veröffentlichung der Deutschen Bundesbank und BaFin (2015) über die möglichen Ertragsentwicklungen von etwa 1400 Kreditinstituten und aus Einblicken in die inneren Verhältnisse von Sparkassen und Volksbanken vom Autor erstellt und supervidiert worden. Die Daten können aus der Rückschau des Jahres 2017 (Deutschen Bundesbank und BaFin 2017) als sehr solide und signifikant für die Entwicklung von gut geführten Banken gelesen werden. Mit dem angeführten Beispiel dürften die besten 20 % der im Jahr 2015 bestehenden, etwa 2000 Kreditinstitute angesprochen sein. Der Durchschnitt ließ aus der damaligen Perspektive Betriebsergebnisse von etwa 0,5 % bis 2020 erwarten. Und etwa ein Drittel der Kreditinstitute tendierte nach dem damaligen Forecast schon zu einem bereinigten Betriebsergebnis bis zu einem negativen Vorzeichen. Wohl gemerkt, sind das Berechnungen und Schätzungen mit den Möglichkeiten eines externen Analysten, der im Einzelfall Einblick in Kreditinstitute hatte.

Eines ist deutlich evident. Aus den oben bei den Dämonen für Kreditinstitute vorgestellten Szenarien über die Entwicklung des Zinsniveaus und der Zinsstruktur müssen wir von einem historischen, in dieser Größe erstmaligen und dramatischen Rückgang der Zinsspanne von etwa 50 % ausgehen. Gegen den Eintritt dieses systematischen Risikos in Form eines „Schwarzen Schwanes" finden die Banken derzeit kein Abwehrinstrument.

Tab. 3.1 Ertragserwartungen gut geführter Kreditinstitute (in % der durchschnittlichen Bilanzsumme)

	31.12.2010	Erwartet 2020
Zinsspanne	2,50	1,50
Provisionsspanne	0,70	0,80
Betriebsaufwand	−1,90	−1,60
Betriebsergebnis	1,30	0,70
Bewertungsergebnis	−0,20	−0,20
Bereinigtes Ergebnis vor Steuern	1,10	0,50
Cost Income Ratio	65 %	60 %

Mit dem derzeitigen Leistungsspektrum und den erwarteten Verhaltensweisen der Kunden lässt sich die Provisionsspanne nur langsam mit Widerständen, aber nicht in hinreichender Weise steigern. Die Preiselastizität im Bereich der Provisionen dürfte zu hoch sein.

Zwar versuchen jetzt Kreditinstitute, Filialen zu schließen und durch Fluktuation und Abfindungen Personalkosten abzubauen. Da aber die Fixkosten zu rigide sind, auch die Komplexitätskosten und Prozesskosten nur mit Zeitverzögerung zu senken sind, lassen sich auch über die Senkung des Betriebsaufwandes nicht hinreichend Beiträge zur Steigerung des Betriebsergebnisses herbeiführen. Das zeigt sich auch an der Steuerungskennzahl Cost-Income-Ratio (CIR). Sie dürfte nur marginal zurückzuführen sein. Notwendig wäre aber eine CIR von allenfalls 40 %.

Per Saldo führt dies bis zum Jahr 2020 zu einem Rückgang des Betriebsergebnisses um nahezu 50 %. Dabei sprechen wir hier vom Beispiel gut geführter Kreditinstitute. Bei der Mehrzahl der Kreditinstitute kann von einem Betriebsergebnis in Richtung unter 0,5 % ausgegangen werden.

Hierbei ist ein Bewertungsergebnis von lediglich 0,2 % der durchschnittlichen Bilanzsumme (DBS) angenommen worden. Tatsächlich dürfte aber die realistische Untergrenze bei 0,3 % liegen. Gespräche mit Wirtschaftsprüfern des Sparkassen- und des Genossenschaftssektors legen bei einer risikoaversen Geschäftspolitik einen Vorsorgeaufwand von 0,6 % der durchschnittlichen Bilanzsumme nahe. Dann wären wir aber schon bei gut geführten Banken bei einem negativen bereinigten Jahresergebnis vor Steuern. Womit sollen dann Zuführungen zu Reserven und Aufstockung des Eigenkapitals bedient werden?

Aus der Bankpraxis kommen nun teils die Vorstellungen, dass sie auch mit einem Betriebsergebnis von etwa 0,6 % gut leben könnten. Dies setzt aber voraus, dass einerseits keine weitere Reduzierung der Zinsspanne erfolgt, dass der betriebliche Aufwand marginal gesenkt werden kann, dass keine bedeutsamen Risiken eintreten und dass die aufsichtsrechtlichen Anforderungen an die Eigenkapitalausstattung wieder zurückgenommen werden. Der Realitätssinn sagt uns aber, dass diese Gedanken alle unter dem Prinzip Hoffnung (es wird ein Wunder geschehen welches nach kaufmännischen Prinzipien nicht zu erwarten ist) zu verbuchen sind.

3.3   Überschuldung am Horizont

Die Übersicht in Tab. 3.2 zeigt die Anforderungen der Bankenaufsicht an die zukünftige Ausstattung mit Eigenkapital. Dabei gibt diese Aufstellung nur ein Blitzlicht der kontroversen Diskussionen wieder. Denn die unterschiedlichen Vorstellungen der Stakeholder in Amerika und Europa über die nötige Höhe des

Tab. 3.2 Eigenkapitalregelungen zur Risikoprophylaxe, -begrenzung, Haftung (in % nur der risikotragenden Aktiva)

	31.12.2013		Ab 01.01.2019
Hartes Kernkapital	2,0	Hartes Kernkapital	4,5
Weiches Kernkapital	2,0	Zusätzliches Kernkapital	1,5
Ergänzungskapital	4,0	Ergänzungskapital	2,0
		Harter Kapitalerhaltungspuffer	2,5
		Variabler, antizyklischer Kapitalpuffer	2,5
	8,0		13,0
		Systemischer Puffer	1 bis 5

Eigenkapitals spiegeln eher einen Interessenskonflikt denn einen Findungsprozess zum Schutze der Sparer, der Steuerzahler und der Sicherung des Finanzsystems. Dennoch sind diese Zahlen eine Diskussionsbasis. Und sie zeigen ein Verständnis dafür, dass die bestehende Ausstattung an Eigenkapital nicht ausreicht. Aber ob die geforderte Erhöhung des Eigenkapitals bis 2019 ausreichend ist, um die Existenzfähigkeit von Banken zu sichern und das Finanzsystem gegen Krisen zu wappnen, darüber wird intensiv gestritten. Die Seite der Kreditinstitute versucht mit allen möglichen Begründungen, möglichst wenig Eigenkapital vorzuhalten. Aus der Seite der Wissenschaft kommt die Forderung nach einer noch höheren Eigenkapitalquote. Auch führende Stimmen der Bankenaufsicht in der Bundesbank postulieren dies. Wer sich hier tiefer einlesen will, dem sei das Buch von Anat Admati und Martin Hellwig (vgl. Admati und Hellwig 2013) empfohlen.

Das Erstaunliche an der Diskussion ist, dass die Banken bei Krediten an mittelständische Unternehmen schon 25 % Eigenkapital als eine zu niedrige Haftungsbasis einschätzen, für sich selbst aber nicht einmal die Hälfte an Eigenkapital vorhalten wollen. Bei der ganzen Diskussion zeigen die 13 % eine deutliche Erhöhung der Eigenkapitalbasis im Vergleich zu den Jahren vorher an. Tatsächlich sprechen wir aber lediglich von einer Eigenkapitalausstattung im Verhältnis zu den risikobehaftenden Aktiva. Wenn dieser anrechenbare Forderungsbestand nur die Hälfte der Bilanzsumme ausmacht, ist die tatsächliche Eigenkapitalquote schon nur noch bei sechs bis sieben Prozent. Denn die Anrechnung von Arten der Aktivposten und die Risikogewichtung von Aktiva in Bezug zur nötigen Eigenkapitalunterlegung eröffnen letztlich erhebliche Gestaltungsspielräume. Viele Kreditinstitute dürften auch in Zukunft lediglich eine echte

Eigenkapitalquote von etwa vier bis fünf Prozent vorhalten. Und dann ist noch keine Aussage über die Qualität des Eigenkapitals getroffen. Ein abrupter Anstieg der Kapitalmarktzinsen von derzeit etwa 0,5 % auf zwei Prozent dürfte bei vielen Kreditinstituten mit der derzeitigen Durchschnittsverzinsung der Eigenanlagen zu einer Abwertung von Aktiva und einem existenzgefährdenden Jahresverlust führen. Kommen dann in der gleichen Periode auch noch unerwartete Wertberichtigungen und Abschreibungen auf die Forderungen an Kunden hinzu, dann ist schnell der Tatbestand der Überschuldung erreicht. Insofern reichen 13 % an relativer Eigenkapitalquote nicht aus. Selbst 13 % absolute Eigenkapitalquote erscheinen aufgrund der Vielfalt bankbetrieblicher Risiken als zu gering. Der Autor folgt aus sicherheitsorientierter Sicht eher der Forderung von Admati und Hellwig (2013): Besser 20 bis 30 % absolute Eigenkapitalquote als angemessenes Eigenkapitalverhältnis zum tatsächlichen Risikoprofil einer Bank. Wie oben bereits angeführt, sind die Kräfte aus der Innenfinanzierung zu gering und die Attraktivität für die Außenfinanzierung zu niedrig, um die Eigenkapitalausstattung merkbar zu steigern. Die von Basel IV neuerdings angeregten Eigenkapitalniveaus nach dem von Amerika geforderten Standardansatz für die Berechnung von Bankrisiken werden viele deutsche Kreditinstitute nicht leisten können.

Ein „Bail-out" (wie für Griechenland) müsste für Kreditinstitute in Schieflagen ausgeschlossen sein. Für ein „Bail-in" zur Abwicklung von in Insolvenz befindlichen Kreditinstituten steht die Bankaufsicht mit einem Institut bereits bereit. Da die Haftungsbasis über das Eigenkapital nicht ausreicht, werden dann viele Sparer ungesicherte Einlagen verlieren. Durch den negativen Realzins verlieren als Preis für die Stabilisierung Europas die deutschen Sparer ohnehin schon real an Geldwert.

In der Börsenzeitung vom 19. April 2017 stuft auch das Vorstandsmitglied der Deutschen Bundesbank, Andreas Dombret, rund 800 Kreditinstitute mit „einem erhöhten Risiko" ein (vgl. auch Dombret 2016). Er sieht die Ampel für diese Häuser auf Gelb stehen. An gleicher Pressestelle erklärt Felix Hufeld, Präsident der Finanzaufsicht BaFin, dass sich sein Haus um 150 bis 200 Kreditinstitute besonders intensiv kümmern müsste.

3.4　Window of Opportunity noch offen

Nun zeigen die „dämonischen" Herausforderungen und die erwarteten Ergebnisse bis 2020, dass ein „Weiter so wie bisher" mit konservativen Gedanken das Bestehende nicht erhalten kann. Es hilft auch nichts, aufgrund von bedrohlichen Begriffen wie Digitalisierung, Blockchain oder Exchange Traded Funds den

Progressiven zu spielen, der einfach nur aktionistisch Veränderung will. Vielmehr brauchen wir in den Banken Innovatoren, die sinnvolle Veränderungen durchführen, um dadurch Wertvolles zu bewahren und die Existenz zu sichern. Und dafür ist das „strategische Fenster" für Wandlungen von Geschäftsmodellen noch hinreichend offen.

In Literatur und Praxis finden wir eine Vielfalt an Vorstellungen über Geschäftsmodelle (vgl. Gassmann et al. 2017; vgl. Wirtz 2011; vgl. Schallmo 2013; vgl. Osterwalder und Pigneur 2010; vgl. Labbe und Mazet 2005). Seit den Achtzigerjahren versteht der Autor unter Geschäftsmodell (vorher: integratives Unternehmenskonzept) ein konsistentes, interdependentes und erfolgstreibendes Zusammenspiel von vier Ebenen, die für Kreditinstitute die vier Top-Treiber zur Bank-Performance (gemessen am Betriebsergebnis und der Höhe und Qualität des Eigenkapitals) darstellen (vgl. Renker 2010). Sie lassen sich sehr gut als leitende Gedanken für die Optimierung und Veränderung von Geschäftsmodellen nutzen.

Product-/Market-Concepts for Value Delivery to the Customer
Produkt-/Marktkombinationen, innerhalb derer überlegener Nettonutzen/Value Proposition (wertvolles Angebot) im positiven Unterschied zum Wettbewerb (Leistungs- oder Effektivitätsvorteil) bei relevanten Kunden (Relationshipment) wahrgenommen und geliefert (Sales Channels) wird. „Wie generieren, stabilisieren und expandieren wir die Nachfrage?"

Value Extraction for Revenue Streams
Preis- und Konditionssysteme, die die Zahlungsfähigkeit und die Zahlungsbereitschaften der Kunden insoweit abgreifen, dass nachhaltig, risikoadjustierte Erlösströme generiert werden. „Welche Gegenwerte eruieren, extrahieren und extensivieren wir für unsere Leistungen?"

Supply Chain Configuration – Effective Structure & efficient Processes/Key Activities
Ressourcen, effektive Aufbauorganisationen/Netzwerke, Partner und Strukturen, innerhalb derer die Wertschöpfungsprozesse kostengünstig, wirtschaftlich und möglichst effizienter (vgl. Peymann et al. 2014 zu Digital) als der Wettbewerb (Kosten- oder Effizienzvorteil) erbracht werden können. „Wie wirtschaftlich produzieren, kooperieren und distribuieren wir?"

Corporate Culture – Leadership and Key Competencies
Führungsverhalten und Mitarbeiterverhalten, das durch sichtbare Kompetenzvorteile eine Unternehmenskultur generiert, die kaum kopierbar ist und den Charakter von Kernkompetenzen hat: „Wie gestalten, pflegen und beleben wir den Unternehmensgeist in der Bank?"

Zusammenfassung

Aus den bisher dargestellten Erkenntnissen leitet sich klar ab, dass die Kreditinstitute aus der prekären Lage mit ihren Herausforderungen nicht mehr mit Erhaltungspolitik, Anpassungspolitik oder Innovationen von Produkten und Prozessen allein herauskommen. Jetzt ist die Kompetenz zur breiten und tiefen Neugestaltung von Banken gefordert. Es geht um die Innovation von Geschäftsmodellen. Gassmann et al. (2017 im Vorwort) erkennen in der Praxis, dass über 90 % aller Innovationen von Geschäftsmodellen lediglich kreatives Übertragen (Imitieren, Benchmarking) von anderen Branchen, Wiederholungen (Adaptionen) erfolgreicher Vorbilder oder Rekombinationen aus bekannten Ideen, Konzepten und Elementen von Geschäftsmodellen aus anderen Unternehmen und Branchen sind. Jede Bank muss aber jetzt selbst entscheiden, inwieweit sie ihr Geschäftsmodell lediglich auf einzelnen Ebenen umgestaltet und verändert, komplette Ebenen wandelt und erneuert oder eine totale Transformation (vgl. Renker 2001) des Geschäftsmodells vornimmt (Totalinnovation im Business Model Management, Change-Management, Transformationsmanagement; vgl. Lauterbach et al. 2015 zur Messbarkeit von Transformationen). Eine Kernkompetenz und ein strategischer Wettbewerbsvorteil stellt jetzt die Gestaltungskompetenz dar. Sie ist die Fähigkeit und Fertigkeit, Bereitschaft, Flexibilität und Schnelligkeit zur konsequenten Durchführung nötiger Innovationen von marginal bis total.

Kurz: Für die Kreditwirtschaft stellt sich die existenzielle Frage: „Wozu brauchen wir Kreditinstitute in der herkömmlichen Form noch?" Und wenn wir Banken brauchen, dann müssen sie eine Antwort auf die Frage finden, welche wichtigen Probleme lösen sie auf den Märkten, die ohne ihre Existenz nicht effektiver und effizienter gelöst werden können.

Geschäftsmodellinnovation: Partizipativ und diskursiv

4

«Сбились мы. Что делать нам!» „Wir haben die Richtung verloren. Was sollen wir tun?", fragt Puschkin in seinem Gedicht „Dämonen"

4.1 Mechanistische Wandlung von Banken als Rationalitätsmythos

Die Wissenschaftler und Berater Robert S. Kaplan und David P. Norton entwickelten die Balanced Scorecard (vgl. Kaplan und Norton 1996), um Strategien wirkungsvoll zu implementieren. Sie behaupteten, dass 90 % aller Strategien im Unternehmen im Sande verlaufen. Gründe seien, dass die Mitarbeiter die Strategien ihrer Bank nicht kennen, nicht verstehen, nicht akzeptieren und nicht dahinterstehen. Daran hat sich bis heute wenig geändert. Gerade seit den vergangenen zwei Jahrzehnten verfolgen aber Kreditinstitute verstärkt den „Rationalitätsmythos", dass Banken und ihre Geschäfte, ihre Strukturen, Prozesse und Entscheidungen wie Maschinen nach physikalischen Gesetzmäßigkeiten, mit mathematischen Algorithmen und Kennzahlensystemen wie ein Computer nach regelhaften Ziel-Mittel-Beziehungen im naturwissenschaftlichen Sinne rational zu führen und zu steuern sind. Wenn ein solcher Mythos der Rationalität in einem Kreditinstitut als allgemein akzeptierte Norm, als eine Selbstverständlichkeit mit generalisierendem Charakter institutionalisiert ist, ohne kritisch-rational (vgl. Popper 1994) hinterfragt zu werden, dann schafft dies Legitimität für Entscheidungen, für Führungs- und Mitarbeiterverhalten sowie für den Zufluss an Ressourcen (vgl. Maaß und Pietsch 2007). Wenn wir die geschäftliche Entwicklung vieler Kreditinstitute anschauen, dann hat die mechanistische und bürokratisch regulierte Vorstellung von Bankführung zu extrem unzufrieden stellenden

© Springer Fachmedien Wiesbaden GmbH 2018
C. Renker, *Business Model Innovation in Banken*, essentials,
https://doi.org/10.1007/978-3-658-19778-0_4

Ergebnissen geführt. Das liegt einmal daran, dass analog zur Frage „Gibt es ein richtiges Leben im falschen Leben?" auch ein logisch, brillantes Verhalten in einer Bank im falschen Geschäftsmodell nicht zum gewünschten Erfolg führen kann. Insofern ist auch die Vorstellung Innovationen, Transformationen von Geschäftsmodellen und Change-Management in einer Bank nach der Hypothese von monokausalen Ursache-/Wirkungsmodellen im Sinne des „Determinismus" rechnerisch logisch durchzuführen, eine Illusion.

Bankbetriebe sind nämlich weniger rational, linear effizient und auf ceteris-paribus-Annahmen beruhende Institutionen. Sie sind vielmehr komplexe, mehr psychosoziale, emotional, intuitiv, spontan bis irrational entscheidende und handelnde, interagierende Teilsysteme (zum Neuromarketing vgl. Häusel 2010). Die Zahl ihrer Interaktionen ist unüberschaubar, interdependent, selbstreferenziell und in ihren Wirkungen nicht rechnerisch exakt vorhersehbar. Insofern ist ein integratives Management gefordert, dass die Innovation und Wandlung von Geschäftsmodellen in Banken kooperativ, partizipativ, diskursiv und kritisch-rational auf mehreren Ebenen simultan gestaltet, wie unten noch konkreter veranschaulicht wird.

In diesem Zusammenhang gibt es selbstverständlich Situationen, in denen starke Persönlichkeiten mit Macht und ihrem starken Willen Wandlungen in Kreditinstituten erfolgreich durchsetzen können bzw. auch müssen („Voluntarismus", Bombenwurf). Auch eine situative und individuelle Kombination von Macht und Methode als Wandlungsphilosophie („gemäßigter Voluntarismus") kann nötige Innovationen von Geschäftsmodellen zum Erfolg führen (vgl. Müller-Stewens und Lechner 2005, S. 543–686). Aus eigener Erfahrung mit Innovationen und Wandlungen von Marketingkonzepten, Unternehmenskonzepten bis zu ganzen Geschäftsmodellen hatte im Streit zwischen dem rationalen „homo oeconomicus" und dem emotionalen, gefühlsgeleiteten „homo emotionalis" (inklusive „homo psycho-socialis, -empaticus, -reciprocans, -sentimentalis et -religiosus"; von „animal spirits" geleitet; vgl. Smith 1759 oder Akerlof und Shiller 2009) letzterer stets die vorentscheidende Prärogative.

4.2 Widerstände und Hürden auf dem Innovationsweg

Die schwierigste, unsicherste und gefährlichste Managementaufgabe ist die Innovation von gesamten Geschäftsmodellen. Schon marginale Veränderungen oder Wandlungen im Unternehmen wollen Mitarbeiter oft nicht hinnehmen. Sie wehren sich und fürchten sich vor neuen Schritten und Worten. Am liebsten würden Mitarbeiter in der Bank ihren gewohnten Wohlstandsraum behalten, auch wenn es den Preis der multiplen Banksklerose kostet. Veränderungen in der Bank erzeugen bei den meisten Mitarbeitern emotionalen Widerstand, Angst, Trauer, Misstrauen, Kontrollverlust, Manipulationsverdacht bis Wut. Nach eigener 30-jähriger Erfahrung zeigen 70 bis 80 % der Bankmitarbeiter sich zuerst als nicht veränderungsbereit. Sie bevorzugen die bisherige Ruhe, Stabilität und Ordnung. Deren Verlust wollen sie vermeiden. Die Risiken neuer Ideen schätzen sie zunächst einmal höher ein als die Aussicht auf eine mögliche, bessere Belohnung. Suche nach Belohnung und Vermeidung von Verlusten und Risiken sind kurz gefasst die zentralen Entscheidungsinstanzen menschlichen Verhaltens (vgl. Häusel 2010).

Jede Veränderung in Geschäftsmodellen von inkrementalen bis totalen Transformationen hängt von der Innovationshöhe, -tiefe, -breite, -dauer, -grad, und -tempo als Herausforderung ab. Aus der Praxis lassen sich drei Hürden „3L" beim Unternehmenswandel kategorisieren (Renker, ab 1986 Publikation und Praxis; 2012, 2017): Lethargie, Lust und Leiden.

Zu viel Lethargie

Das Balance-Emotions/Motivsystem (Hans-Georg Häusel) als stärkster Antreiber im menschlichen Hirn sucht nach Ordnung, Orientierung, Vertrauen, Verlässlichkeit. Es bevorzugt Sicherheit und Verharrung („Oblomov"). In der Sprache der Verhaltensökonomie neigen der „Beharrungs-Irrtum" und der „Besitztum-Effekt" dazu, die bestehende Bankpolitik doch als gut, bewährt und tauglich zu betrachten. Es fällt sehr schwer, sich von einer lange Zeit internalisierten Geschäftspolitik zu trennen. Bankmitarbeiter sind demzufolge quasi dem Bestehenden verfallen. Sie lieben Routine und Gewohnheiten. Änderungen bedeuten Schmerz, Anstrengung und Bedrohung. Das Balancesystem will Verluste und Stress vermeiden, Risiken aus dem Wege gehen. Frische Ideen und Innovationen, Komplexität und Unsicherheit sind nicht beliebt. Sie werden eher umgedeutet, lächerlich gemacht, verleugnet bis bekämpft. Lieber macht man gemäß des „Herdentriebs" das, was andere Banken auch machen. Wenn es schiefgeht, befindet man sich in bester Gesellschaft. „Jammern" über die Wirklichkeit und „Passivität" sind zwei ganz spezielle und hartnäckige Hürden auf den Weg zu Veränderungen. „Passivität" meint hier, dass positiv sanktioniert die Mitarbeiter sich besonders bis zum „Burn-out" anstrengen und meinen, das allein wäre schon eine Leistung. Wir erleben sie als besonders aktiv im Beruf. Tatsächlich sind aber ihre Handlungsweisen nicht problemlösend und zielführend, sondern sind nur geschäftiges Arbeiten, das Zeit füllt.

Zu wenig Lust

Wenn für die Mitarbeiter nicht erkennbar ist, dass Innovationen des Geschäftsmodells ihre Bedürfnislage treffen und die vorhergesagte bzw. erwartete Belohnung daraus zu gering erscheint oder nicht erkennbar ist, dann mobilisiert es nicht die Lust zur Veränderung. Mehr als 90 % der Mitarbeiter streben nach Erfahrung des

Autors ohnehin nicht nach Übernahme von Verantwortung für Veränderungsprozesse. Nach dem 3M Prinzip (vgl. Renker 1990, S. 45 f.) finden sich in Kreditinstituten zehn Prozent „Macher". Sie sind Pioniere, Innovatoren als Treiber des Fortschrittes auch im Sinne der kreativen Zerstörer (nach J. Schumpeter). Etwa 70 % sind „Mitmacher". Sie warten erst einmal ab, was kommt. Sie sind die verlässlichen „Hausmeister", bewahren die Ordnung und sorgen dafür dass die Abwicklung der Bankgeschäfte im Alltag sicher funktioniert. Und dann sind da noch die 20 % „Miesmacher". Sie sind die hartnäckigen Verweigerer von Wandlungen und Veränderungen. Sie wissen häufig, wie es nicht geht. Sie pflegen die Sorgen und Ängste. Und sie sind auch bereit, selbst zum Boykott gegen Erneuerungen aufzurufen.

Die Lust zur Wandlung im Unternehmen wird erst dann geweckt, wenn mindestens zehn Prozent der Mitmacher selbst die Notwendigkeit und Dringlichkeit zur Veränderung erkennen, akzeptieren und aktiv auf die Macherseite wechseln. Die Miesmacher sind dann in der Minderheit und die Macher dominieren den Wandlungsprozess. Dieses Phänomen hat bereits Noelle-Neumann (1975) in ihrem „Gesetz der Schweigespirale" anschaulich beschrieben.

Zu wenig Leiden

Schließlich muss der Leidensdruck in einer Bank hoch genug sein, damit die Mitarbeiter dem bestehenden Geschäftsmodell so kritisch gegenüberstehen, dass sie bereit sind, auch radikale Änderungen mitzugestalten. Doch diesen Leidensdruck empfinden trotz aller gegenteiligen verbalen Äußerungen die meisten Mitarbeiter noch nicht. Der Verlust der gewohnten Arbeitsweise wird höher eingeschätzt als der Gewinn einer unsicheren neuen Ordnung. Verluste schmerzen Menschen dagegen mehr als Gewinne Freude bringen („Prospect Theory"). Lieber verteidigen daher die Mitarbeiter ihr bisheriges Geschäftsmodell. Sie finden es dann doch im Zweifel gut genug für die Zukunft. Eine gewisse Betriebs- und Abteilungsblindheit steht hier noch zusätzlich neuen Entscheidungen entgegen. Insgesamt muss daher mobilisierende Furcht, Sorge und der vor der Tür stehende Verlust schon sehr hoch sein, damit Mitarbeiter Innovationen aktiv unterstützen.

4.3 Vertrauen in den Wandlungslohn statt Verlustangst

Die dargestellten Dämonen mit den eintretenden Konsequenzen helfen schon der Führung einer Bank, die „Verlustaversion" bei den Mitarbeitern konstruktiv zu erschüttern. Die Dämonen schaffen ein Verständnis dafür, dass es wichtig, notwendig und dringend ist, schnell und entschlossen zu handeln, wenn die eigene

Bank ihre Zukunft nicht aufs Spiel setzen will und die Mitarbeiter ihren Arbeitsplatz und Einkommen verlieren. Die Dämonen signalisieren auch, dass es höchste Zeit ist, lieb gewonnene Traditionen und den Status quo zu verlassen, Selbstgefälligkeit und Lethargie abzulegen und die Trägheit zu überwinden. Sodann ist es erste Aufgabe des Bankmanagements, den Weg des sinnvollen Wandels zu einer neuen Vision über eine gelebte Mission zur Neu-Positionierung einer Bank als lohnenswert und erstrebenswert („Belohnungssystem") darzulegen. Es ist damit mehr als ein erster Appell, den mit Sicherheit schwierigen Weg gemeinsam zu gehen und neue, gut für Ernten zu kultivierende Inseln und neue fischreiche Gewässer als realisierbare Utopien zu suchen.

Hier kommt dem Management in der Bank die entscheidende Rolle für die Neu-Aufstellung ihres Hauses zu. Die Führung muss kompetent, glaubwürdig und authentisch die Prozesse der Neugestaltung initiieren, konzeptionieren, vorleben und implementieren. Nur wenn die Mitarbeiter ihren Führungskräften vertrauen und sich belohnt sehen, dass am Ende des Weges durch die Veränderungswüste die Oase kommt, werden sie sich angesprochen fühlen, Nerven und Zeit investieren und sich selbst verpflichten, die Neugestaltung der Bank engagiert mitzutragen.

4.4 Integrative Gestaltung des Geschäftsmodells

Wie verändern wir nun ein bestehendes Geschäftsmodell wirklich so, dass es auf der einen Seite als Road-Map inhaltlich konsistent und kausal logisch ist; und dass es auf der anderen Seite von den Mitarbeitern akzeptiert und selbst verpflichtend (Commitment) im Wettbewerb am Markt überlegen umgesetzt wird? Wie können die relevanten Handlungskompetenzen und die intrinsische Motivation der Mitarbeiter so aktiviert, koordiniert, mobilisiert und gesteuert werden, dass die Bank als Ganzes auch in Zukunft erfolgreich wirtschaftet? Und wie kann das Dilemma gelöst werden, dass häufig Unternehmensziele versus Mitarbeitervorstellungen stehen und einzelne Mitarbeiter sich nicht rational, nicht effektiv und nicht effizient verhalten? Auf diese Fragen gibt es keine Patentantwort.

Die Antwort darauf ist ein integratives Modell zur Wandlung, Innovation und Transformation einer Bank (vgl. Renker seit 1982, 1989, 1993, 2001; analog Fischer und Koetz 1986; vgl. zum Thema Changemanagement u. a. Reiß et al. 1997; Kotter 2011; Doppler und Lauterburg 2014), das auf die individuelle Situation einer Bank subsumiert werden kann. Ähnlich der „Drei-Welten-Theorie" nach Karl Popper in Geistiges-Physisches-Psychisches gilt es, die sachlich-inhaltliche Ebene, die organisatorisch-prozessuale Ebene und die psycho-soziale

Ebene simultan und vernetzt miteinander im Innovationsprozess zu gestalten (vgl. Abb. 4.1, vgl. Renker 2001; vgl. Renker 2012, S. 222–258 und die Literaturhinweise dort; vgl. Renker 2017).

Der Innovationsprozess zu einem neuen Geschäftsmodell folgt dabei dem Grundsatz „betroffene Mitarbeiter zu Beteiligten" des Gestaltungsprozesses zu machen, zu partizipieren, zu kooperieren und im Diskurs (Popper, Habermas, Apel) kritisch-rational ein überlegenes Geschäftsmodell zu entwickeln und dann gemeinsam umzusetzen. Auf der sachlich-inhaltlichen Ebene werden gemeinsam, basierend auf einer Diagnose (Analyse und Prognose), eine neue Vision, Mission, Leitbild und Unternehmensgrundsätze entwickelt. Die Positionierung wird festgelegt. Diversifizierte strategische Geschäftsfelder und die dazugehörigen Maßnahmen sollen Lösungen bringen, die die notwendigen Erlöse generieren.

Auf der organisatorischen Ebene der Gestaltung des Geschäftsmodelles geht es darum, sogenannte geborene und gekorene Treiber des Wandlungsprozesses zu finden und einzubinden. Die Wandlungsprozesse nach dem sogenannten Gegenstromverfahren, bei dem der Diskurs Top-down in Richtung Bottom-up und wieder zurück erfolgt, gestalten Macht-Promotoren, Fach-Promotoren und Prozess-Promotoren offen und partnerschaftlich im Vertrauen. Zu den Macht-Promotoren zählen regelmäßig der Vorstand und ausgewählte Führungskräfte. Ohne ihre positive Machtausübung wird kein Erfolg möglich sein. Zu den Fach-Promotoren zählen je nach Bank individuell alle Mitarbeiter, die einen vernünftigen und kritischen Beitrag zur Neuaufstellung der Bank leisten können und wollen. Eine bedeutende Rolle kommt dem Prozess-Promotor zu. Er steuert den Weg der Neukonstituierung als Kommunikator, Netzwerker, Psychologe, interaktiver Integrator mit möglichst hoher personaler und sozialer Kompetenz und hinreichender Akzeptanz bei den Mitarbeitern.

Die Qualität und Durchschlagskraft des neuen Geschäftsmodells hat ihr Fundament in der Vorgehensweise der konstruktiven und systematischen Entwicklung. Von daher kommt der psycho-sozialen Gestaltungsebene die erfolgsentscheidende Bedeutung zu. Nach den Grundgedanken der Veränderung von Organisationen in Anlehnung an Kurt Lewin (1947) sind in der Phase des „Unfreezing" bei Mitarbeitern ein Bewusstsein und eine gefühlte Notwendigkeit, Dringlichkeit und Wichtigkeit von Veränderungen zu erzeugen („Mooving"). Die Vorfreude auf eine bessere Zukunft und neue erstrebenswerte Visionen und starke Mission sollen dann eine intrinsische Motivation zur Veränderung erzeugen („Changing"). Dabei sollte der Diskurs so erlebt werden, dass die Mitarbeiter das Gefühl haben, dass neue, bessere Möglichkeiten entstehen können. Daraufhin muss das neue Bankkonzept permanent interaktiv implementiert und in vielen kleinen Schritten belebt werden. Der Wandel braucht Zeit, Geduld, Vertiefung

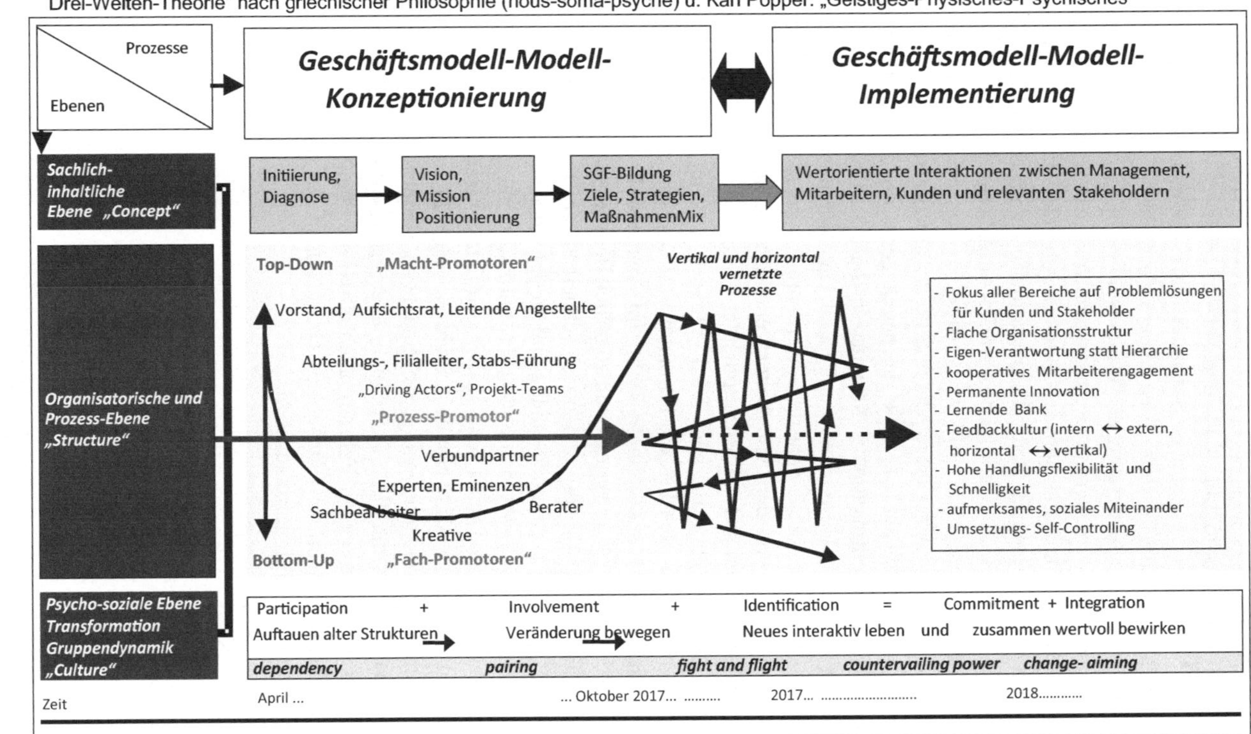

Abb. 4.1 Integratives Vorgehen zur effektiven und effizienten Wandlung von Geschäftsmodellen in Banken

und Stehvermögen bis erste positive Ergebnisse sichtbar werden. Anerkennung, Aufmerksamkeit und Bestätigung sind hier Verstärker des „Refreezing". Und dann muss bei Mitarbeitern die stetige Bereitschaft zur Permanenz des Wandels als das Beständige sichtbar bleiben. Eine andere Perspektive auf der psycho-sozialen Ebene ist die Beschleunigung des Wandels durch intensive, effektive und effiziente Teilhabe der Mitarbeiter am Gestaltungsprozess. Als erstes gehört dazu, dass Mitarbeiter in den Innovationsprozess aktiv eingebunden werden, damit sie sich damit auch identifizieren können („Partizipation"). Damit besteht die Mög-lichkeit, dass sie Herzblut, Zeit und Nerven in die Aufgabenstellungen investie-ren. So können sie gemeinsam Konflikte als Mittel zu besseren Lösungswegen austragen („Involvement"). Über diese beiden Stufen werden gemeinsame Werte, Ziele, Strategien und Maßnahmen sowie die neuen geforderten Verhaltenswei-sen konsensualisiert („Identifikation"). So wurzeln die ersten Rituale, Symbole und Mythen für eine neue Corporate Identity und Unternehmenskultur. Gelingt es dem Prozess-Promotor, diese Schritte einvernehmlich zu steuern, dann ent-steht das verantwortlich von den Mitarbeitern entwickelte, neue Geschäftsmo-dell. Sie werden erst dann sich selbst verpflichtet fühlen („Commitment"), mit großer Anstrengung am Markt die neue Bank erfolgreich zu machen. Die größ-ten Herausforderungen für den Prozess-Promotor bestehen in der Steuerung der Gruppendynamik (vgl. Antons-Volmerg 1990) im Neuaufstellungsprozess. Die Mitarbeiter werden zunächst abwartend und zögerlich dem Neuen gegenüber sein („Dependeny-Phase"). Regelmäßig bilden sich schnell informelle Gruppierungen („Pairing-Phase"). Deren Zusammensetzung ändert sich auch oft wieder. Dieses Verhalten wird in der Bank von den anderen Mitarbeitern meist nicht belohnt. Konsequenterweise beginnen dann schnell die Konflikte zwischen Mitarbeitern und über zu entscheidende Sachverhalte („Fight & Flight-Phase"). Diese Kon-flikte und Widerstände sind notwendig, sie sind nach Habermas ein kreativer Stachel. Die Moderation kann diese Phase nicht überspringen oder wegschieben. Alle Mitarbeiter müssen mit ihrer Führung auch durch die Phase der meist noch auftretenden Entstehung von Gegenmacht durch, um dann das neue Modell zu verabschieden und den Rollout freizugeben.

Geschäftsmodellebenen: Erfolgsrelevant und konsistent 5

5.1 Nettonutzen-Differenzierung als Geschäftsmodell-Axiom

Zuerst ist es längst wieder an der Zeit, dass die Banken die Schlüsselbegriffe des Kundenmanagements („Customer Experience Management") wieder als Zentrum erfolgreicher marktorientierter Bankführung verstehen, internalisieren und als Prämissen für logische Schlussfolgerungen in Form von Zielen, Strategien, Maßnahmen und Controlling nutzen. Dies erfordert eine komplette Abwendung von der teils pervertierten Verkaufsorientierung der meisten Kreditinstitute und von die Effizienz hemmenden, bürokratischen Belastungen. Im Zentrum stehen relevante Kundenbedürfnisse, Generierung von Nutzen in Beratung und durch Produkte sowie vorteilhafte Differenzierung vom Wettbewerb auf der Nachfrageseite („Customer-Based View"). Auf der Angebotsseite („Resource-Based View") können Wertschöpfungen und Vorteile durch bessere Mitarbeiter und Ressourcen, durch den besseren Einsatz der Ressourcen und die bessere Entwicklung und Pflege der Ressourcen („Knowledge-Based View") erzielt werden. Idealerweise sind Kernkompetenzen für eine Bank anzustreben. Das sind Kompetenzen, die knapp und selten sowie nachhaltig zu verteidigen sind, die kaum kopiert werden können und mit denen eine Bank sich gegenüber dem Wettbewerb nachhaltig durchsetzen und Märkte erschließen kann.

Der Kunde ist dabei in allem die Quelle für Erlöswerte. Für das Bankgeschäft kommt es darauf an, nicht irgendwelche Fragestellungen zu beantworten, sondern die relevanten individuellen Bedürfnisse und Probleme, die Wünsche, Ansprüche und Präferenzen der Kunden zu identifizieren. Die Kunden gilt es, in Zielgruppen nach Relevanz und Realitäten zu kategorisieren. Kunden fragen aber nicht nur Nutzen als Art und Grad der Zufriedenstellung nach, sie wollen vielmehr einen Nettonutzen von der Bank erhalten. Das heißt, der Kunde muss das

© Springer Fachmedien Wiesbaden GmbH 2018
C. Renker, *Business Model Innovation in Banken,* essentials,
https://doi.org/10.1007/978-3-658-19778-0_5

Gefühl haben, dass er durch die Zusammenarbeit quantitativ und qualitativ mehr erhält, als er dafür an Kosten und Mühen aufwendet. Wenn sich dann die Bank noch vorteilhaft wahrnehmbar in den wichtigen Nachfragekriterien von ihren Wettbewerbern differenzieren kann, dann entstehen über die Kundenzufriedenheit meist loyale Kundenbeziehungen. Insofern geht es beim Relationship Banking (vgl. Renker 2005) zuerst um die Gestaltung werthaltiger Geschäftsbeziehungen über die Lebenszeit („Customer Journey") von Kunden. Das betrifft zum einen das Kundenmanagement entlang des Beziehungslebenszyklus über die 4R's von der Akquisition (Recruitment) über die Bindung (Retention), Behebung eventueller Reklamationen (Reclamation, Complaint) bis zur möglichen Rückgewinnung (Recovery) verlorener, wertvoller Kunden. Andererseits geht es auch um die Gestaltung nachhaltiger Geschäftsbeziehungen über den Bedarfslebenszyklus von Kunden von der Wiege bis zur Bahre.

5.2 Von der Diagnose zu neuen leitenden Vorstellungen

„Der Mensch kommt nur voran, solange er sich am Unmöglichen orientiert", konstatiert Peter Sloterdijk in seinem Buch „Du musst dein Leben ändern" (Sloterdijk 2009, S. 700).

Die genannten Schlüsselbegriffe marktorientierter Unternehmensführung bankspezifisch zu interpretieren, zu verstehen und zu internalisieren, sind erste Schritte zur Konzipierung der Ebenen eines Geschäftsmodelles. Das Fundament für ein wertvolles und tragfähiges Geschäftsmodell ist dann eine fundierte Diagnose der Marktverhältnisse, der betrieblichen Situation und der Position der Bank am Markt. Dabei können die Mitarbeiter mit einer im Rahmen des oben skizzierten, integrativen Modells durchgeführten SWOT-Analyse einerseits die Chancen und Risiken aus dem Marktfeld aufdecken. Außerdem finden sie Klarheit über die Stärken und Schwächen ihres Kreditinstitutes. Mit Szenario-Technik lassen sich alternative Zukunftswege zur strategischen Früherkennung und rechtzeitigen Identifizierung von Erfolgs- bzw. Nutzenpotenzialen darstellen. Die Identifizierung von für den Markt relativ wichtigen Kompetenzen im eigenen Haus und die erkannten relativ wichtigen und noch unbefriedigten Bedürfnisse am Markt weisen bereits auf den nächsten Konzeptionsschritt hin: die Vision, die Mission und die Positionierung.

Die neue Vision ist dann für eine Bank die Vorstellung von einer möglichen, sinnvollen, erstrebenswerten und emotional stimmigen, existenzsichernden

Zukunft. In der Sprache von Sloterdijk muss das Management den Kopf heben und verstehen, dass der heutige Horizont ihrer Märkte keine schützende Grenze mehr ist, sondern ein Tor, durch das vielfältige Wettbewerber und neue Kundenpräferenzen eintreten. Die herrschende Meinung in Wissenschaft und Praxis geht davon aus, dass jedem großen innovativen Schritt und jeder Transformation eine wirksame Vision vorausgeht. Nach Hermann Simon, einem weltweit führenden Managementdenker, ist „das Fehlen einer klaren Vision in vielen Unternehmen nach wie vor eine Schwachstelle" (Simon 2004, S. 27). Bei den Mitarbeitern setzt eine derartige Vision eminente unternehmerische Energien frei: Handlungskompetenzen entfalten sich zukunftsorientiert. Intrinsische Motivation wird freigesetzt, extrinsische Motivation mobilisiert. Ressourcen werden effektiver konzentriert und Handlungen effizienter koordiniert. Allerdings muss das Management die neue Vision permanent, verständlich und klar kommunizieren. Noch mehr muss die Führung den Weg zur Vision glaubhaft vorleben und personifizieren.

Zur Vertiefung der Vision ist es sinnvoll, die leitenden Gedanken für die Zukunft der Bank in Unternehmensgrundsätzen, Leitbild oder Codes of Conduct für alle verbindlich festzuhalten (Beispiel bei Renker 1982 und Renker 2012, S. 313–315).

In ihrer Mission beschäftigt sich die Bank mit dem alltäglich zu erfüllenden Auftrag in der Gegenwart auf dem Weg in die Zukunft. Im Kern enthält bereits die Mission antworten darauf: Auf welche Art und Weise gegenüber welchen Kundengruppen lösen wir mit welchen Maßnahmen welche wichtigen Bedürfnisse und Probleme vorteilhafter als der Wettbewerb? Und schließlich: Welchen gesellschaftlichen Nutzen, welche gesellschaftlichen Wirkungen in sozialer Verantwortung (=Corporate Social Responsibility) sollen von der Bank ausgehen? Die Mission ist umso ambitionierter und erfolgversprechender je höher der Anforderungsgrad (Nutzen), der Kompetenzgrad der Bank (Fähigkeiten) und der Differenzierungsgrad zum Wettbewerb ist (Unterscheidung). Die Mission ist die Kardinale für strategische Konzepte und weist den Weg auch in die Positionierung der Bank am Markt.

Bei der Neu-, Re- oder Um-Positionierung der Bank geht es darum, in den Köpfen der Zielkunden („Top of Mind") möglichst alleinig so gespeichert zu werden, dass sie sich mit ihrem wahrnehmbar gelieferten Nettonutzen vorteilhaft von den Wettbewerbern abhebt und als bevorzugte Bank nachgefragt wird (Idee nach Ries und Trout 1986).

Die Etappen zur Realisierung der Vision konkretisieren dann die Mitarbeiter in strategischen Zielen hinsichtlich Rentabilität, Marktstellung, Unternehmenswert etc. Eine Balanced Scorecard (vgl. Kaplan und Norton 1996) hilft dabei, ein konsistentes Zielsystem zu entwickeln. Vor allem lassen sich damit erfolgsbestimmende Zielarten (Key Performance Indicators) herauskristallisieren, die auch wirklich wettbewerbsrelevant und/oder für die einzelne Bank handlungsnotwendig sind.

5.3 Strategie-Profil für effektive Produkt-/ Marktkombinationen

Seit Jahrzehnten unterteilen die Sparkassen und Genossenschaftsbanken im Wesentlichen ihre Zielgruppen oder Geschäftsfelder mit hausspezifischen Worten in Jugendkunden, Mengenkunden, vermögende Privatkunden, Seniorenkunden, öffentliche Haushalte sowie Unternehmen und Selbstständige. Darauf lässt sich aufbauen, um für die Zukunft neue erfolgstreibende Strategische Geschäftsfelder (SGF) zu entwickeln. Strategische Geschäftsfelder sind effektive Produkt-/Marktkombinationen, die beantworten, bei welchen Kunden es ertragreich ist, welche Bedürfnisse, auf welche Weise zu befriedigen. Aus eigenen Analysen als Manager und Berater lassen sich auch in Kreditinstituten etwa 80 % der Unternehmensperformance (analog Kommer 2011, S. 74: 90 % bei Aktienportfolios) aus der Wahl und der wirksamen Gewichtung mehrerer Strategischer Geschäftsfelder innerhalb eines Bank-Portfolios erklären. Denn gemäß der Portfolio-Selection-Theory gilt die Erkenntnis: „Lege nicht alle Eier in einen Korb." Von daher legt die gelungene Abgrenzung von relevanten und effizient zu bearbeiteten Märkten (abgebildet in Strategische Geschäftsfelder als Asset-Felder) und deren Diversifikation im Sinne der Asset Allocation bei der Vermögensanlage die Grundlage für eine solide und risikoadjustierte Rendite in Banken. Die Portfolioanalyse hat sich als bewährtes Evaluationsinstrument bewährt (vgl. Renker 2005, S. 96 ff.).

Den gewünschten Beitrag jedes SGF zum Gesamterfolg der Bank legen die Mitarbeiter gemeinsam in einem kausal-logischen, konkreten und motivierenden Zielsystem fest. Die zielführenden Wege und nötigen Kräfte übernehmen entsprechende Strategien.

Die grundlegenden strategischen Fragestellungen gegenüber den Kunden in den einzelnen SGF lauten (vgl. Renker 2012, S. 363–391 mit Hinweisen): Wollen wir bei den gegenwärtigen Kunden mit den bestehenden Bankdienstleistungen durch Customer Relationship Banking mehr Ergebnisse? Wollen wir Noch-Nicht-Kunden verstärkt ansprechen? Wollen wir unseren Kunden neue Bankdienstleistungen anbieten oder streben wir Diversifikation an, das heißt komplett neue Leistungen für Neukunden? Wie stimulieren wir die Nachfragebereitschaft bei den Kunden: über Konditionen oder über Präferenzen? Wollen wir unsere Markt-segmente total oder partial, differenziert oder selektiv abdecken?

Verfolgen wir gegenüber dem Wettbewerb (in Erweiterung von Porter) die Konkurrenzstrategien Differenzierungsstrategie, Kostenstrategie, Konzentrations-strategie oder Outpacingstrategie?

Wenn wir absatzmittelnde Partner in die Vertriebsstrecke einbinden: Wie weit geht die Integration, die Kooperation, die vertragliche Einbindung oder werden neue Categories gemeinsam entwickelt?

Welche Strategien verfolgen wir gegenüber öffentlichen Anspruchsgruppen wie Medien, Politik oder Wissenschaft?

Die einzelnen Strategien sind hinsichtlich ihrer Konformität, Konsistenz, Kompetenz, Effektivität und Konsonanten zu bewerten, um sie dann zu einem schlüssigen Strategieprofil zusammenzufügen.

Dann können die nötigen Schlüsselressourcen („Ressourcen-Mix") und Schlüsselmaßnahmen („Marketing-Mix") strategie- und zielkonform systematisch konfiguriert und konsequent implementiert werden.

5.4 Risikoadjustierte Erlösmechaniken generieren

Die Profilierung durchschlagender Produkt –/Marktkombinationen legt die Basis für die Generierung ausreichender Erträge und Provisionen (Revenue Streams) für die Bank. In den Konditionssystemen der meisten Kreditinstitute besteht erheblicher Verbesserungsbedarf in Richtung des von Hermann Simon geprägten Begriffes „Power Pricing". Ohne jetzt hier auf Details des Preismanagements der Kreditinstitute weiter eingehen zu können, sollen wenigstens die grundlegenden Anforderungen (vgl. Renker 2012, S. 205 ff.) anhand von „4S" (Size, Structure, Sustainability, Security) pointiert werden:

- **Size:** Die erwartete und nötige Höhe aus festgelegten Einnahmenquellen.
- **Structure:** Die Zusammensetzung und Verteilung der Erlöse über SGF, Kun-den, Produkte, Preisarten sowie Preisnenner und Preiszähler.
- **Sustainability:** Die Nachhaltigkeit der periodischen Erlöse, einmalige oder wiederkehrende Einzahlungen.
- **Security:** Die Sicherheit der periodischen Erlöse, Exaktheit und Pünktlichkeit der Zahlungseingänge, Forderungsbonität.

Von den drei Gewinntreibern „Preis, Menge, Kosten" ist der Preis die zentrale
Erfolgsdeterminante, die einzig, direkt und sofort wirksam auf die Gewinnhöhe
einwirkt. Da eine schnelle Ausweitung des Volumens vom Wettbewerb und vom
Markt her begrenzt ist, zusätzlich Grenzkosten verursacht und der Kostenblock an
sich rigide reagiert, stellt der Margeneinbruch bei Banken die existenzielle Frage
an Wissenschaft und Praxis nach neuen Erlösmechaniken. Der Weg wird dabei
über die Findung und Erschließung neuer Nutzenpotenziale gehen müssen.

5.5 Effiziente Wertschöpfungsnetze und Prozesse konfigurieren

Abgesehen von den Zinsaufwendungen sind die Personalkosten in Kreditinstituten der größte Kostenblock. Derzeit stellen die Filialen einen weiteren bedeu-
tenden Ausgabenblock für eine traditionelle Bank-Schlüsselressource dar. Für
kleinere Kreditinstitute sind die im Rang von Schlüsselaktivitäten geforderten
aufsichtsrechtlichen Verpflichtungen eine neue bedeutsame Belastung. Aus der
Beratungserfahrung lassen sich in den Kreditinstituten durch Gemeinkostenwert-
analysen etwa bis zu 20 % Potenziale für Senkung von Personal und Sachkosten lokalisieren, ohne dass damit signifikante Einschränkungen beim Output zu
befürchten sind. Allerdings sind dies gemessen an den oben genannten Herausforderungen nur kurzfristig lebensverlängernde Maßnahmen (vgl. Renker und Zoebl
1982).

Nahezu alle Kreditinstitute müssen insbesondere auch vor dem Hintergrund der Digitalisierung und der veränderten Nachfragepräferenz der Kunden
die gesamte Aufbau- und Ablauforganisation bzw. die Wirtschaftlichkeit ihrer
Wertschöpfungsprozesse auf den Prüfstand stellen. Die ersten Fragen lauten
dabei: Ist unsere Organisation mehr produktionsorientiert und kostengetrieben
aufgestellt? Oder ist sie schon mehr wertgetrieben mit dem Blick auf die Kunden? Konzentrieren wir unsere Schlüsselressourcen und Schlüsselaktivitäten auf
Schlüsselkunden oder verzetteln wir uns mit überproportionalem Aufwand in
deckungsbeitragsarmen Aktivitäten?

In der Aufbauorganisation wird für die Kreditinstitute in Zukunft einerseits die
Frage entscheidend sein, wie weit die Spezialisierung nach Funktionen wie Personal, Marketing, Controlling, Revision etc. und Spezialisierung nach Bezugsob-
jekten wie Kunden, Produkten oder Regionen erfolgen soll. Das Ideal stellt die
optimale Kombination, optimale Koordination, die Einheitlichkeit von Aufgabe,
Kompetenz und Verantwortung bei Mitarbeitern von Funktion und Objekten mit

der konzentrierten vorwiegenden Ausrichtung auf die Kunden am Markt dar. Bei allen Lippenbekenntnissen in der Werbung sind doch die Organisationsstrukturen in den Kreditinstituten weniger auf den Markt als vielmehr die innerbetriebliche Leistungserstellung und -kontrolle ausgerichtet. Dies zeigt sich auch daran, dass bei allen Befragungen die meisten Kundenbetreuer angeben, dass sie sich in weniger als 20 % ihrer Arbeitszeit mit dem Kunden beschäftigen können. Gerade aber die erfahrbare Unternehmenspolitik von Amazon und die Möglichkeiten von Google/Alphabet dürften den Banken anschaulich vor Augen führen, dass die Strukturen und Prozesse der Zukunft total kundenorientiert (Kundenzentrierung) gestaltet sein müssen.

In diesem Zusammenhang stellen sich die Fragen: Wie müssen unsere relativ besseren Ressourcen an Mitarbeitern, Gebäuden sowie Informations- und Kommunikationstechnologien ausschauen? Wie können wir diese Ressourcen zukünftig besser nutzen? Und wie können wir diese Ressourcen in Zukunft noch qualitativ weiter entwickeln? Und wie gelingt es uns, sogenannte Pool-Ressourcen aufzubauen, die im Bankgeschäft zu Kernkompetenzen positioniert werden können?

5.6 Erfolgstreibende Unternehmenskultur gestalten

Anfang der Achtzigerjahre haben verschiedene Wissenschaftler (zum Beispiel Davis 1984; Schein 1985; Kobi und Wüthrich 1986) die Bedeutung der Unternehmenskultur für den Unternehmenserfolg auch auf die praktische Tagesordnung von Kreditinstituten gesetzt (vgl. Renker1989 und die Umsetzung in der Sparkasse Schweinfurt 1985–1990). Dennoch zeigt der Beratungseinblick in die Tagespraxis der Banken, dass die Kulturpflege heute relativ stark vernachlässigt ist. Der Erfolgsfaktor Unternehmenskultur kommt meist nur noch nur in Tischreden vor. Die Unternehmenskultur einer Bank ist aber die strategische Stoßkraft, die die oben genannten Geschäftsmodellebenen erst mit Leben und Wirksamkeit erfüllt. Gerade für die überlebensnotwendige Innovation von Geschäftsmodellen ist heute eine wandlungsbereite Unternehmenskultur die Basis wirkungsvoller Neugestaltung einer Bank. Insofern müssen sich Kreditinstitute im Rahmen ihres integrativen Wandels mit neuen Identität stiftenden Grundannahmen, Werten, Normen, Denkweisen und Artefakten auseinandersetzen, die im gelungenen Zusammenspiel von Führung und Mitarbeitern die Kernzielgrößen Kundenzufriedenheit, Mitarbeiterzufriedenheit und Unternehmenszufriedenheit anstreben.

Perspektiven 6

Nun, was ist zu tun, um gegen die oben genannten Dämonen als böse Geister für die Bankenbranche zu bestehen? Wie treiben wir die Dämonen, wie es im Lukas-Evangelium 8,26 – 39 heißt, aus der Schweineherde aus, damit sie nicht in den Abgrund springen und im Meer der Überfülle des gedruckten Geldes der Zentralbanken ertrinken? Das fragt auch Fjodor Dostojewski in seinem Roman „Die Dämonen". Seine Antwort ist: „Es lebe der große Gedanke!"

Wir müssen gemeinsam als Wissenschaft und Praxis den „großen Gedanken" für die Zukunft unserer Finanz- und Bankenwelt suchen:

- zur Erneuerung der Banken,
- zur Umgestaltung der Banken,
- zur Wiedergeburt wertvoller Banken.

Kurz: Wir müssen den Weg zu komplett neuen Geschäftsmodellen von Kreditinstituten schneller, agiler und systematisch gehen. Aber das ist nach den vielen Versäumnissen und Verfehlungen vieler Kreditinstitute ein langer steiniger Weg zu neuen, rettenden Inseln. Agilität und strategische Flexibilität (vgl. Burmann und Meffert 2004; Burmann 2005) sind derzeit die gefragten Kernkompetenzen, um zunächst eine Bank in ihrer Existenz zu sichern (=Kompetenz zur Replikation) und gleichzeitig den Prozess der im Wettbewerb zukunftssichernden Neuaufstellung (=Kompetenz zur Rekonfiguration; Resilienz und Robustheit neuer Geschäftsmodelle) zu gestalten.

Seinen anderen großen Roman „Verbrechen und Strafe" endet Dostojewski nach dem langen Weg der Verfehlung, des Leidens und der Erlösung seines Helden Raskolnikov hier sinngemäß angewandt auf die Situation der Bankenwelt: „Aber hier beginnt eine neue historische Epoche, die Epoche der allmählichen Erneuerung von Kreditinstituten, die Epoche ihrer allmählichen Wiedergeburt,

© Springer Fachmedien Wiesbaden GmbH 2018
C. Renker, *Business Model Innovation in Banken*, essentials,
https://doi.org/10.1007/978-3-658-19778-0_6

des abrupten Übergangs aus einer Bankenwelt in eine andere, der Entdeckung einer neuen, bisher gänzlich unbekannten Wirklichkeit für den Finanzsektor. Das könnte das Thema einer neuen Geschichte werden – aber unsere jetzige Geschichte ist jetzt zu Ende."

Was Sie aus diesem *essential* mitnehmen können

- Sie sehen die Situation und Zukunft der Kreditinstitute realistisch und Sie erkennen die Notwendigkeit zu einer totalen Transformation.
- Sie können komplexe Wandlungsschritte erklären.
- Sie können die Schritte zu einem nachhaltig, im Wettbewerb überlegen wirksamen Geschäftsmodells systematisch gehen: Vor dem Abbruch über den Umbruch zum Aufbruch der Bank.

© Springer Fachmedien Wiesbaden GmbH 2018

41

C. Renker, *Business Model Innovation in Banken*, essentials,

https://doi.org/10.1007/978-3-658-19778-0

Literatur

Admati, A., Hellwig, M.: Des Bankers neue Kleider. Was bei Banken wirklich schief läuft und was sich ändern muss. Finanzbuch Verlag, München (2013)

Akerlof, G.A., Shiller, R.J.: Animal SpiritsPriceton. Princeton University Press, New Jersey (2009)

Antons-Volmerg, K.: Gruppendynamik und Transaktionsanalyse, internes 4-Tage-Seminar, Beutelsbach (1990).

Botsis, D., Hansknecht, S., Hauke, Ch., Janssen, N., Kaiser, B., Rock, Th: Kennzahlen und Kennzahlensysteme für Banken. Springer Gabler, Wiesbaden (2015)

Burmann, Chr: Strategische Flexibilität und der Marktwert von Unternehmen. In: Kaluza, B., Blecker, Th (Hrsg.) Erfolgsfaktor Flexibilität. Strategien und Konzepte für wandlungsfähige Unternehmen. Schmidt, Berlin (2005)

Burmann, Chr, Meffert, H.: Strategische Flexibilität als Determinante des Marktwertes von Unternehmen. Ergebnisse einer empirischen Untersuchung. Marketing ZPP **2004**(1), 43–54 (2004)

Davis, S.M.: Managing corporate culture. Ballinger Publishing Company, Cambridge (1984)

Deutsche Bundesbank/Bundesanstalt für Finanzdienstleistungsaufsicht BaFin.: Ergebnisse zur Umfrage zur Ertragslage und Widerstandsfähigkeit deutscher Kreditinstitute im Niedrigzinsumfeld, gemeinsame Pressenotiz vom 18.09.2015.

Deutsche Bundesbank/Bundesanstalt für Finanzdienstleistungsaufsicht BaFin.: Ergebnisse der Zinsumfrage, gemeinsame Pressenotiz vom 30.08.2017.

Dombret, A.: Geringe Rentabilität der Geldhäuser ist bedenklich, Mitglied des Vorstandes der Bundesbank. Handelsblatt (2016).

Doppler, K., Lauterburg, C.: Changemanagement, 13. Aufl. Campus, Frankfurt a. M. (2014)

Fischer, G., Koetz, A.G.: Kienbaum informiert 1986(2) (Anregung zum integrativen Modell).

Gassmann, O., Frankenberger, K., Csik, M.: Geschäftsmodelle entwickeln, 2. überarbeitete Aufl. Hanser, München (2017).

Gigerenzer, G.: Bauchentscheidungen, 2. Aufl. Bertelsmann, München (2007)

Gigerenzer, G.: Risiko: Wie man die richtigen Entscheidungen trifft, 4. Aufl. Bertelsmann, München (2014)

Handelsblatt-Jahrestagung: Der Wandel wird noch brutal unterschätzt, HB, 20.02.2017.

Haselbach, D., Klein, A., Knüsel, P., Opitz, S.: Der Kulturinfarkt. Albrecht Knaus Verlag, München (2012)

Häusel, H.-K.: Brain View, 2. Aufl. Haufe-Lexware, Freiburg (2010)

Issing, O.: Einführung in die Geldtheorie, 15. Aufl. Vahlen, München (2010)

Jasny, R.: Die Wertpapiergeschäfte der SparkassenEine Analyse der Anlagepolitik der deutschen SparkassenPaper (2016).

Kaplan, R.S., Norton, D.P.: The balanced scorecard. Harvard Business School Press, Bosten (1996)

Kobi, J.-M., Wüthrich, H.A.: Unternehmenskultur verstehen, erfassen und gestalten. Verlag Moderne Industrie, Landsberg a. L. (1986)

Kommer, G.: Souverän investieren mit Indexfonds und ETFs, 3. Aufl. Campus, Frankfurt (2011)

Kotter, J.P.: Leading Change: Wie Sie Ihr Unternehmen in acht Schritten erfolgreich verändern. Vahlen, München (2011)

Kreutzer, R., Land, K.-H.: Dematerialisierung. Die Neuverteilung der Welt in Zeiten des digitalen Darwinismus. FutureVisionPress, Köln (2015)

Labbe, M., Mazet, T.: Die Geschäftsmodellinnovations-Matrix: Geschäftsmodellinnovationen analysieren und bewerten. Der Betrieb **2005**(17), 897–902 (2005)

Lauterbach, J., Mädche, A., Müller, B.: Transformation messen und steuern. Bankmagazin **2015**(10), 42–45 (2015)

Lewin, K.: Changing as three steps: Unfreezing, moving, and freezing of group standards. Frontiers in group dynamics. Concept, method and reality in social science. Social equilibria and social change. Hum. Relat. **1**(1), 5–41 (1947)

Luhmann, N.: Vertrauen. enke, Stuttgart (1989)

Luhmann, N.: Soziale Systeme. Grundriß einer allgemeinen Theorie, S. 148. Suhrkamp, Frankfurt a.M (1984). (ebd. S. 152)

Maaß, C., Pietsch, G.: Web 2.0 als Mythos, Symbol und Erwartung, Diskussionsbeitrag Nr. 408, Fern-Universität Hagen, Hagen (2007).

Müller-Stewens, G., Lechner, C.: Strategisches Management, 3. Aufl. Schäffer-Poeschel, Stuttgart (2005)

Noelle-Neumann, E.: Die Schweigespirale. Bild der Wissenschaft **1**, 64–68 (1975)

Osterwalder, A., Pigneur, Y.: Business modell generation. Wiley, New Jersey (2010)

Peymann, A.K., Faraby, N., Rossmann, A., Steimel, B., Wichman, K.S.: Digital transformation report 2014, Neuland und WiWo (Hrsg.), Köln (2014).

Popper, K.: Logik der Forschung, 10. Aufl. Schäffer-Poeschel, Tübingen (1994)

Popper, K.: Alles Leben ist Problemlösen, S. 75. Piper, München (1996)

Porter, M.E.: Competitive strategy. Simon & Schuster, New York (2004)

Renker, C.: Bankbetriebliches Leitbild -ein modischer Luxus? bank und markt **1982**(2), 30–32 (1982)

Renker, C.: Zur externen Analyse der bankbetrieblichen Erfolgsstruktur. Zeitschrift für betriebswirtschaftliche Forschung **1983**(10), 917–927 (1983). (mit darauf aufbauenden eigenen Berechnungen auf der Basis von Bilanzen von Kreditinstituten 2014 und 2015)

Renker, C.: Formulierung einer Unternehmensphilosophie und deren Umsetzung im Rahmen von Corporate Identity-Maßnahmen nach Innen. In: Deutscher Sparkassen- und Giroverband (Hrsg.) Ansätze für ein Corporate Identity-Konzept der Sparkassen „nach innen", S. 32–46. Deutscher Sparkassen Verlag, Bonn (1989)

Renker, C.: Corporate identity und Unternehmenskultur. Dt. Sparkassenverl, Stuttgart (1990)

Renker, C.: Firmenkundenmarketing. Erfolg im Bankmarketing gegenüber Unternehmen und Selbständigen. Dt. Sparkassenverl, Stuttgart (1993)

Renker, C.: Quantensprünge durch ganzheitliche strategische Neuausrichtung. In: Ernst & Young (Hrsg.) Entrepreneur Studienpräsentation, Bd. 2, S. 1–10. Springer, München (1999)

Renker, C.: Logik und Methodologie integrativen Marketings im Kontext von Transformationen, Aachen 2001.

Renker, C.: Totalinnovation als Wachstumstreiber in mittelständischen Unternehmen. In: Meyer, J.-A. (Hrsg.) Innovationsmanagement in kleinen und mittleren Unternehmen, S. 269–284. Shaker, München (2001)

Renker, C.: Relationship Marketing im Firmenkundengeschäft. Konzepte-Erfolgsfaktoren-Umsetzung, 2. Aufl. Gabler-Verlag, Wiesbaden (2005)

Renker, C.: Innovationen von Geschäftsmodellen im Firmenkundengeschäft – Auf die stimmige Konfiguration kommt es an, in: Euroforum (Hrsg.): Erfolgsstrategien im Firmenkundengeschäft, Mainz 2010.

Renker, C.: Marketing im Mittelstand, 4. Aufl. Schmidt, Berlin (2012). (dort sind Methoden und weitere Praxisbeispiele von inkrementellen bis totalen Geschäftsmodellwandlungen i.S. von „Core Shift" seit 1983 dargestellt. Das Buch mit den dort genannten Literaturhinweisen ist die Basis für die obigen Kapitel 4 und 5)

Renker, C.: Zukunft von Kreditinstituten – auf das Geschäftsmodell kommt es an. nbn-resolving.de/urn:nbn:de:bsz:14-qucosa-186381,sowie ifme-paper 4/9/2015, S.1–11.

Renker, C.: Überleben unsere Kreditinstitute? Herausforderungen und Lösungen. HSZG Zittau, 18. Mai 2016.

Renker, C.: Будущее кредитных институтов? Бизнес-модель – главный фактор успеха. Staatliche Universität für Wirtschaft Sankt-Petersburg, 2. September 2016.

Renker, C.: Strategisches Marketingmanagement, TU Dresden IHI, Paper 2012, S. 35 ff. (2017).

Renker, C.: Wie nachhaltig sind die Geschäftsmodelle der Kreditinstitute? Reicht es zum Überleben? 30. März 2017 in HSZG Görlitz.

Renker, C.: Демоны над немецкой банковской системой. Проблемы, последствия и решения. The VIII International scientific conference „Architecture of finance: illusions of global stabilization and prospects of economic growth", Sankt Petersburg, 4–6. April 2017.

Renker, C., Rudolph, F.: Aufsteiger Ost. Mit ganzheitliche Marketing zum Erfolg. Dt. Sparkassenverl, Stuttgart (1997)

Renker, C., Zoebl, K.: Aufwandsportfolio – Instrument für ein kontrolliertes Wachstum? Die Bank **2**, 61–64 (1982)

Richter, R., Furobotn, E.G.: Neue Institutionenökonomik. Mohr Siebeck, Tübingen (1996)

Ries, A., Trout, J.: Positionierung. McGraw-Hill, Hamburg (1986)

Rifkin, J.: Die Null Grenzkostengesellschaft. Das Internet der Dinge, kollaboratives Gemeingut und der Rückzug des Kapitalismus. Campus, Frankfurt a. M. (2014)

Schallmo, D.: Geschäftsmodelle erfolgreich entwickeln und implementieren. Springer, Berlin (2013)

Schein, E.H.: Unternehmenskultur. Ein Handbuch für Führungskräfte. Campus, Frankfurt a. M. (1995)

Schierenbeck, H., Lister, M., Kirmße, S.: Ertragsorientiertes Bankmanagement, 1. Aufl., Bd. 1, (1984); 9. Aufl., (2014); Bd. 2, 8. Aufl., Wiesbaden (2008).

Schlüter, T., Hartmann-Wendels, T., Weber, T., Zander, M.: Die Risikoberichterstattung deutscher Banken: Erhebung des Branchenstandards. Zeitschrift für betriebswirtschaftliche Forschung (zfbf) **2014**(8–9), 386–427 (2014)

Simon, H.: Think! Strategische Unternehmensführung statt Kurzfrist-Denke. Campus, Frankfurt a. M. (2004)

Sloterdijk, P.: Du mußt dein Leben ändern. Suhrkamp, Frankfurt a. M. (2009)

Smith, A.: The Theory of Moral Sentiments. Millar, London (1759)

Streich, R.K.: Veränderungsprozessmanagement. In: Reiß, M., Rosenstiel, L.von, Lanz, A. (Hrsg.) Change management, S. 237–254. Schaeffer-Poeschel, Stuttgart (1997)

Supervisory Review and Evaluation Process SREP of European Banking Authority EBA. www.eba.europa.eu

Szczypiorski, A.: Eine Messe für die Stadt Arras, übersetzt von Karin Wolff, Zürich (1988).

Taleb, N.N.: Der Schwarze Schwan. Hanser, München (2007)

Tolstoi, L.N.: Anna Karenina. Stefan Zweig, Moskva (2007)

Weber, M.: Genial einfach investieren. Campus, Frankfurt a. M. (2007)

Wirtz, B.W.: Business Model Management. Design – Instrumente – Erfolgsfaktoren von Geschäftsmodellen, 2. Aufl. Gabler, Wiesbaden (2011)